# 共働きと
# 男性の家事労働

## 久保桂子

ドメス出版

# 『共働きと男性の家事労働』

もくじ

# 第8章　自由記述からみた家事・育児分担の実態と意識

# 終章　家事労働と共働きをめぐる展望

装丁　市川美野里

## 凡　例

1. 原則として常用漢字と現代仮名遣いで統一した。ただし、引用は原則としては原文の字体・仮名遣いとした。旧字体を常用漢字に改めても問題のない場合は、適宜常用漢字に改めた。常用漢字以外の漢字を用いる場合や難読の漢字については、必要に応じてルビを付けた。
2. 条約、法律の表記には、各機関で用いられている正式名称、または一般に使用されている略称を用いた。
3. 国際年などの呼称が、取り組まれた当時の呼称と現在の呼称が異なる場合は、基本的には現在の呼称を用いた。ただし、当時の著者の記述や発言を引用する場合は、当時の呼称を記述した（例：国際女性年は、1975年当時は「国際婦人年」である）。
4. 年号は西暦で統一しているが、引用文献中に和暦の記述がある場合にはそのまま記述し、西暦を併記した。なお、引用した図の和暦についてはそのままとした。
5. 統計表や図の数値は、図表に示した数値の単位未満の位で四捨五入してあるため、または、総数に分類不能または不詳の数を含むため、総数と内記の合計とは必ずしも一致しない。
6. 引用文献については、次のように扱った。

・引用文献は巻末に文献一覧として掲載した。本文中には、（著者名〈氏〉出版年：引用ページ）を示した。欧文文献の著者名は原文のままとした。同じ節に同氏の複数名の著書の文献を引用するときには氏名を記載した。
・訳書の場合は、著者名はカタカナ表記、書名は訳書名で記載し、出版年は（原書の出版年＝訳書の出版年）のかたちで記載した。
・初版の出版年を明示する場合は、（［初版出版年］引用した版の出版年）、翻訳本の場合は、（［初版出版年］原著の出版年＝引用した版の出版年）とした。
・同一編著者かつ同一刊行年の場合は、年の後ろにa、b、cを付した。
・著書の著者名の漢字表記について、後年字体を変更した著者もいるが、本書では出版当時の出版物に記された漢字を用いた。
・総務省統計局、厚生労働省、国立社会保障・人口問題研究所の資料を掲載する場合には、調査資料名まで本文中、または図表に掲載した。

# 序章

## 今、なぜ男性の家事労働か
### ——本書の目的と構成

## 第1節　本書の目的

　本書は、共働き夫婦の夫（以下、共働きの夫）の家事・育児分担について検討することを目的としている。共働き世帯については、1990年代半ばには、雇用者世帯に占める共働き世帯数が専業主婦世帯数を上回り、その後も増加を続けている。2021年には妻が64歳以下の雇用者世帯のうち、共働き世帯は1,177万世帯となり、専業主婦世帯458万世帯の2倍以上となっている（内閣府男女共同参画局 2022）。雇用者世帯において妻が労働市場に参入するためには、夫の家事・育児分担が重要な条件の一つになるが、現実には夫の分担はなかなか高まらない。いまだに夫婦の家事・育児分担は妻に大きく偏っており、総務省統計局（2022a）の「令和3年社会生活基本調査」では、6歳未満の子のいる共働き夫婦の週平均1日の家事関連時間は、妻が6時間33分であるのに対し、夫は1時間55分に過ぎない。『男女共同参画白書 令和2年版』（内閣府男女共同参画局 2020a）が、「共働き世帯の増加など家族のありかたが変化するなかで、『家事・育児・介護』において男性が主体的な役割を果たしていくことがますます重要になっている」と述べているように、男性の家事・育児への関わりを高めていくことは、いまや社会全体の課題となっている。

　男性の家事・育児分担については、国際的にもすでに共通の課題とされている。1979年に国際連合で採択された女子差別撤廃条約に、女性だけでなく男性の伝統的役割の見直しの必要が記され、1981年の国際労働機関（ILO）で採択された家族的責任を有する男女労働者の機会及び待遇の均等に関する条約でも、家族的責任を有する労働者は男性労働者も対象とされた。日本では1992年に男性労働者も対象とした育児休業法（1995年に育児・介護休業法に改正）が施行され、1999年には男女共同参画社会基本法が施行された。さらに、2007年には仕事と生活の調和（ワーク・ライフ・バランス）憲章が制定され、政策的には男性も家事・育児役割を果たすことが目指された。

　現在、すでに、その多くが子育て期にあたる30〜34歳の有配偶女性の労

働力率は、2020年には69.7％に上り（総務省統計局「労働力調査」）、労働力率は今後も増加していくと考えられる。なぜなら、女性の就業継続への希望が男女ともに高まっているからである。第4章でも示すとおり、国立社会保障・人口問題研究所（2022：31）の「第16回出生動向基本調査」（独身者調査）の理想のライフコースの選択肢のなかで、「結婚し子どもを持つが、仕事も続ける」という両立コースが、女性の回答とともに、男性が「パートナーに望むライフコース」の回答でももっとも高い割合を占めている。子どものいる家庭で稼ぎ手が一人の家族が貧困に陥りやすいことは、指摘されているところであり（エスピン＝アンデルセン 1999＝2000：108）、生活の安定のためにも若い世代は共働きを選択することが合理的であると考えるだろう。

　独身の男女の共働きを希望する割合が高まっている現在、男性も家事・育児に主体的に役割を果たしていくことが一層重要になっている。そして、そうした役割を果たすことを男性個人の努力に任せるのではなく、社会全体が、本格的に環境整備に取り組む時期を迎えている。本書では、現在の子育て世代とともに、将来の子育て世代が、稼得役割も家事役割もカップルで分かち合える生活を展望するために必要な方策を考察したい。

　なお、共働き夫婦の日々の生活は、夫婦の家事・育児分担だけで乗り切れるものではない。筒井（2016：129-36）は、家事サービス、ケアサービスのありかたの説明は、どうしても「家族」の枠をはみ出してしまう、家事や育児のサービスを誰から受けるのかという、より広い観点が必要であるとし、私たちのサービスの入手先として家族や親族のほかにも、民間セクター、公的セクター（政府）を視野に入れる必要性を指摘している。

　家事労働の社会化については、これまでもさまざまな議論があり、本書でも、まず、家事労働の特徴と社会化の可能性を検討する。そして、男性の家事労働への関わりを求める動きとともに、女性の労働市場への参入と共働きの動向を検討する。こうした共働き夫婦の家事・育児分担を考える前提を検討したうえで、育児期にある共働きの夫の家事・育児分担についての分析を行う。そして、最後に男性に家事役割を保障するための課題、今後の家事労

働との付き合いかた、さらに夫婦で育児期をスムーズに乗り切る方策を考察する。

## 第2節　本書の構成

本書の構成は以下のとおりである。

まず、第1章では、家事労働をめぐる議論から、分担の対象となる家事労働についての定義とその内容を整理する。そして、家事労働の社会化の可能性とともに、社会に移行せずに世帯内にとどまる家事労働の特徴を検討する。

第2章では、家事労働を軽減する方向としての家事労働の社会化の形態と進行の実態を検討する。次に、家事サービス職業従事者による有償の家事労働の動向と今後の利用の可能性とともに、家事サービス職業従事者の人権の問題についても検討する。さらに、社会化の進行に伴い増加する家政管理労働について検討する。

第3章では、男性が家事労働の担い手として位置づけられるようになった歴史的経緯について、1970年代前後を中心にして、国際的な動きとともに生活経営学や家族社会学分野での研究などから確認する。そして、自らの役割として家事労働を担いはじめた男性の動きを紹介する。次に、男性が家事労働を担う必要性の高まりを世帯動向のデータから確認するとともに、男性の家事労働への関与の実態について統計資料を中心に検討する。

第4章では、女性の労働市場への参入、有配偶女性の雇用労働者化の動向とともに、共働き世帯数の推移について、第3章同様に統計資料で確認する。また、仕事と結婚・子育てとの両立希望の増加について、独身者の理想のライフコースの変化から確認する。さらに、兼業農家女性の就業形態の変化に関する調査事例から、雇用労働者化の動きが女性のライフコースにおよぼした影響を確認する。

次の第5章～第8章では、著者が2013年に千葉県湾岸部と北西部の保育所の保護者の協力を得て実施した調査の結果を用いて、夫の家事・育児分担

についての分析を行う。

　まず、第5章では、どのような夫が家事・育児を分担するのかについて、分担に影響をおよぼす要因を検討するとともに、家事・育児項目ごとに影響をおよぼす要因との関係、および、夫と妻の遂行頻度の関係を検討する。

　第6章では、夫の週労働通勤時間が家事・育児分担に影響するという第5章の結果を受けて、夫の仕事の状況が、「仕事から家庭生活への葛藤」にどのように影響しているのかを検討するとともに、夫の仕事優先意識と葛藤との関係を検討する。

　第7章では、夫の家事・育児分担に対する妻の評価に影響をおよぼす要因を検討するとともに、妻のジェンダー意識と評価の関連を検討する。

　第8章では、自由回答欄に記述された保護者の意見を紹介し、数値での結果を具体的な記述から把握する。

　終章では、全体のまとめとともに、男性の家事役割を保障するための課題、これからの家事労働との付き合いかた、共働き夫婦が育児期を乗り切るための方策を考察する。なお、第1章と第2章では、家事労働の社会化の議論を中心に検討するが、終章の家事労働との付き合いかたでは、家事・育児それ自体が生活に楽しみをもたらすという議論を紹介する。

　共働きを肯定する意識が広がっても、家事労働の夫の分担が追いついていないのは、日本だけの問題ではない。いかに夫の分担を高めていくのかをめぐり、これまでも内外で多くの研究が進められてきた。日本における育児期の共働き夫婦の家事労働を分析対象とする本書においても、参考にする先行研究については、日本の研究に加え、日本でも話題になったり、日本の研究者が参考にした諸外国の研究も取り上げた。また、家事労働の社会化の内容では、家事代行とともに介護サービスなど、育児期以外のライフステージにある家族を含めたデータも扱った。

　家事労働についての議論は、上野（1990：45）が「家事労働」の概念は，長い間「主婦労働」と混同されてきたと指摘するように、1950年代半ばから70年代にかけて、主婦と主婦が担う労働についての議論が活発に行われてきた。しかし、第3章で取り上げるように、1950年代にはすでに男性の

家事役割の研究も行われており、家事労働を主婦労働と混同しない研究も進められてきた。本書では、まず、誰が担う労働かという議論の前に、家事労働とはどのような労働なのかという家事労働の特徴を検討し、その後に夫の家事分担についての検討を行うことにした。

　本書で扱う家事労働についての議論は、経済学、家政学の一分野である生活経営学（家庭経営学）や家族関係学、さらに家族社会学で検討されてきたものである。そして共働きの家事・育児分担の研究は主に家族社会学で蓄積されてきた研究である。本書では、それらの研究成果をもとに共働きの夫の家事・育児分担の検討を行った。

# 第 1 章

# 家事労働の内容と特徴

## 第1節　家事労働とは

### 1. 家事労働の定義と内容

　家事労働を論じる場合、何を家事労働とするかによって、議論の内容に大きな影響が生じる可能性がある。そこで、はじめに家事労働の定義をめぐる国際機関の文書や先行研究における取り扱いを整理しておくことにしよう。まず、ILO（国際労働機関、以下 ILO）は、2011 年の総会において採択した家事労働者の適切な仕事に関する条約（以下、家事労働者条約）（第 189 号）の第 1 条で、「家事労働」とは、「家庭において又は家庭のために行われる労働をいう」（the term *domestic work* means work performed in or for a household or households）と定義した。そして、「雇用関係の下において家事労働に従事する者」を「家事労働者（domestic worker）」と定義し、有償で家事労働を行う者を定める一方、「職業としてではなく家事労働を行う者は、家事労働者ではない」としている。OECD（経済協力開発機構、以下OECD）の生活時間の分類（2023）では、日常の家事、買い物、世帯員のケアなどは、ボランティア活動とともに無償労働（unpaid work）時間に分類されているため、家事労働は無償であると考えられがちであるが、職業として行われる家事労働は有償である。

　この ILO の定義を参考にしながら、以下の諸研究の説明をもとにして、本書での家事労働の定義をしておく。本書では、家事労働とは、世帯内において世帯員のために行われる、家事、育児、家政管理の労働とする。

　では、本書で参考にした家事労働についての定義や分類の諸研究を確認したい。まず、家政学の一分野である生活経営学（家庭経営学）の著作『家庭管理論』（宮崎・伊藤編）で家事労働の項目を執筆した天野（1978：158-67）は、「家事労働は労働という側面からみれば、個々の家庭生活の場で、家族員の広い生命活動をも含めた労働力再生産のために行われる家事、育児、家政管理のための労働」としている。そして、家事労働を労働の性格に基づい

て以下の3つに分類している。①生活手段を整える労働（狭義の家事労働つまりハウス・キーピング）、②家庭内の人間を対象とする育児・教育・世話・看護の労働（サービス労働）、③家政管理労働（ホームメーキング）である。①の生活手段を整える労働には、購入、自家生産的労働、保管、追加的加工（料理、裁縫、家庭大工）、修繕（洗濯、つくろい）、環境整備（整頓、掃除、ゴミ処理、食器洗い）などの労働が含まれる。そして③の家政管理労働は身体を動かすよりは頭脳を使う労働とし、具体的には、計画（こんだて・予算）、記録（家計簿）、学習（家事・育児・商品知識）などを挙げている。

　また、松村（2000：44-8）は、現代生活の分析と生活支援策をまとめた『現代生活論』で、「家庭内における生活手段の生産と配置に係わる活動」を家事活動とし、活動の分類は天野とほぼ同様の分類を行っている。家事活動の種類としては、家庭内での生産、加工、保管等、生活手段を家庭内で作り出し整える活動であるハウス・キーピング、育児、教育、看護、介護など他の家族員に関するサービス活動であるホームサービス、そして、個人や家族の生活経営に関する活動である家庭生活経営活動（ホームマネジメント）を挙げている。

　家族社会学における家事労働の説明として、『社会学事典』で家事労働の項目を担当した庄司（1988：136）は、「狭義の家事労働は、家庭生活のなかの衣食住を具体的に支える、炊事、洗濯、掃除などの家事作業を指す」とし、「そこに、家事作業全体を統括する家事管理や、家族生活を円滑に運営するためのいわゆる家政をも含めることができる」とした。さらに、庄司は、広義には、育児のための活動も家事労働に含めることができると、家事、育児、家政労働の関係を説明している。天野の分類と位置づけは異なるものの、ほぼ同様の分類を行っている。

　アメリカの社会学者のホックシールド（1989=1990：404-5）も、家事と育児を誰がするかについての調査結果の分析で、家庭の仕事を、家事（housework）、育児（parenting）、家庭生活の管理（management of domestic life）の3つのカテゴリーに分類している。家事には、掃除、洗濯、食事の用意、後片づけ、買い物、車の修理、芝生の手入れ、家の修理などを

含めている。育児は、身体的な世話（看病、食事の世話、入浴の世話、送迎）と子どもの教育（日常のしつけ、読書）を含めている。家庭生活の管理には、家庭の雑事や行事を記憶し、計画し、スケジュールを立てることを含めている。具体的には、食料品の買い出しリストの作成や支払い請求書の整理、ベビーシッターの手配、子どもの誕生パーティーの準備などである。

　直井（1989：24-6）を代表とする研究チームが著わした『家事の社会学』では、直井が「家事という仕事の性格」として以下の5点を挙げている。第1に、家事は家族員によってなされるかぎり賃金は支払われない、第2に、家事労働は労働内容によって規定されるというよりは、家族員の要求にそうことを行う労働である、第3に、家事は達成度が曖昧な仕事である、第4に、家事は「きりのない仕事」である、第5に、生活のあらゆる局面に関わる多様な仕事を含むというものである。そして、同書では、調査と分析のために家事を「もの」「ひと」「データ」の3つの側面で分けるとしている（林1989：32）。料理、洗濯など「手や道具や機器を使ってする仕事」を「もの」を扱う家事とし、来客の接待、家庭についての夫との話し合いなど「人に接する仕事」を「ひと」に接する家事とした。「データ」を扱う家事とは、「文書を読んだり書いたりする仕事」で、家計簿をつけたり料理書や育児書を読んだり、子どもの勉強を見てやったりする仕事である。天野の③の家政管理労働に近い活動である。そして、育児や高齢者の世話は家事に含まれるのか判定が難しいとして、「もの」「ひと」「データ」とは切り離して取り上げることとしている。

　また、山田（1994：150-2）は、社会学での「家事論」を検討し、「家事とはこういうものであるという本質論を避け」ながら家事の内容を検討したうえで、家事の困難さ、家事の問題点は、家事労働をすること自体にあるのではないとして、家事労働の2つのレベルを区別する必要があるとしている。家事労働の2つのレベルとは、（1）個々の作業レベル、（2）管理・監視のレベルである。管理・監視のレベルはホックシールドの家庭生活の管理と共通するものの、子どもや高齢者、病人などの一時も目が離せない存在を「監視」するという労働も含んでいる。そして、衣服や食品などの保管場所

の記憶、管理、調整など、実際に作業しなくても必要な管理の労働であり、どんなに家事を外部化しても、最後まで残存する労働であるとしている。

　さらに、日本のジェンダー研究を牽引してきた社会学者の上野（1985：22-4）は、家事労働が社会のなかでどうしても残ってしまう最後の理由は、出産・育児という「他人の再生産」が他人に委ねられない労働として残るからだとしている。そして、家事労働とは、その内実は他人に委ねられない再生産労働なのだと定義したいとしている。上野は、家事労働を分類すると、3つくらいに分けられるとし、まず、自分自身の再生産と、他人の再生産、すなわち子どもの生産で、この2つがあるとする。さらに、自分自身の再生産は、他人に委ねることができるものと、できないものに分けられる。他人に委ねることができない労働は飲食や排泄という自分で行なわなければならない労働で、委ねることができる労働は、市場がどんどん産業化して金銭を媒介に買えるようになるものとする。他人の再生産はあるところまでは他人に委ねられるが、ギリギリのところで残ってしまうとしている。

　このように、家事労働という用語の意味や含まれる各労働の位置づけについては論者によって異なるが、先に述べた「世帯内において世帯員のために行われる家事、育児、家政管理の労働」を広義の家事労働とすることで、おおよその内容を含むことができると考えられる。なお、"The Wiley Blackwell Encyclopedia of Family Studies" において家事労働の項目を執筆している Train（2016：1080）は、家事労働に含まれる仕事に、家事、子どもや高齢者および障害をもった家族のケア、家計管理、物資の購入とともに、感情労働（Emotional work）という労働も含めている。感情労働については第4節でその意味と位置づけについて確認する。

　ところで、家事労働の表記については、「家事労働」とするか、「家事活動」、または、「家事」とするか、論者によってさまざまである。次節で取り上げる高橋（1988：198）によれば、自然環境から欲求充足のための手段を獲得する活動は、広く生産と呼んでよいものである。その活動は、単なる採集から、自然素材の変形・加工、さらには栽培・飼育の活動を含むものである。そして、生産を主体の活動という点からみれば、それは労働である。こ

の考え方に従えば、家庭内での調理等の加工の活動やサービスの活動といった家事も労働である。もっとも高橋自身は、「個々の生活行為をすべて活動と呼ぼう」（同：300）として、家事労働を必要の「充足に付随する活動」（次節参照）と表している。そして、活動がいずれも時間過程を伴うものであるかぎり、活動には全生活時間が配分されなければならない（同：301）と、生活時間の配分の検討という観点から、「活動」という用語を用いている。

　生活時間調査である総務省統計局の「社会生活基本調査」（2022a）も、生理的時間を1次活動、仕事や家事を2次活動、社会的文化的時間を3次活動と分類している。また、先に紹介した松村は、生活欲求の発生から充足までの生活過程のなかで家事という活動を捉え、「家事活動」と表現している。生活手段の選択、購入、加工、配置といった活動を生活のプロセスに位置づけ、家事活動は発生した欲求に対応する活動であるとしている。

　本書では、生産を主体の活動という点からみれば、それは労働であるという高橋の理解に依拠し、「家事労働」という用語を用いることにする。なお、日本社会の現状をみても、すでに「家事労働」が一般的な用語になっていることも、この用語を用いる理由の一つである。ただし叙述のなかでは、先行研究にしたがって、単に「家事」や「家事・育児」という表現を用いている場合も多い。さらに、個々の活動を示す場合、労働ではなく「活動」という表現も用いている。

　また、本節のはじめに取り上げた家事労働者条約について、条約の日本語訳では"household"を「家庭」と訳しているが、"household"は、家族以外の同居人も含めた同居の単位、さらに単身の生活単位も包含した「世帯」の意味でもあり、本書でも、「家庭」とともに「世帯」の表現も用いる。もちろん、さまざまな理論の検討部分では「家庭」と表現するか「世帯」とするかについては、論者の表現を尊重する。

## 2.　世帯内の家事労働と家事労働以外の労働

　家事労働の大枠はほぼ共通に認識されているが、具体的な内容は、歴史的・文化的・地理的条件など、さまざまな条件によって異なるので画一的には決められない。さらに、農家世帯などの自営業者世帯においては、家事労働以外にも、世帯内で多くの労働が行われている。世帯内で行われている労働のうち、家事労働と家事労働以外の労働とをどのように区別できるのだろうか。

　家事労働の歴史的条件も含め、家事労働と家事労働以外の労働を区別している例として、戦前に農商務省農務局が編纂した『副業参考資料、第 6（余剰労力調査事例)』（1921：33-43）に掲載された労働時間調査の分類を紹介する（表 1-1）。この例は鳥取県の米作を主業とし、畳表の製造を副業とする農家世帯の 1918 年における労働時間の年間記録である。調査の説明では、「家事」は、「食事準備、洗濯、裁縫、看護、風呂焚、掃除、買い物、交際、冠婚葬祭、家屋の手入れ、薪炭採集、搗精、食料調製等」である。「産業」は「米作、麦作、大根、梨、養蚕、養豚、養鶏、藁細工等」で、「産業関係雑」は、「灌漑、農具修繕、堆肥製造、被傭など」である。この調査結果により、家事労働と他の労働との区別とともに、誰がどの程度従事していたのかを知ることができる。藺草、米、麦、野菜の生産のほか、藁細工、畳表やゴザなどの藺草製品の製造は産業労働に分類されている。一方、機織、薪製造、味噌、醬油（筆者注：味噌製造、醬油醸造）などは、家事労働に分類されている。

　表の家事項目のうち、男性が行っていた家事をみると、44 歳の「戸主」（表 1-1 の注参照）の場合、大掃除、買い物、垣修理、屋根替、障子張り、石臼の修繕、来客および訪問、薪製造、味噌、餅搗きで、年間の労働時間は合計 437 時間である[注1]。71 歳の「戸主」の父親は、庭掃除、葬式、垣修繕、屋根替、障子張り、訪問、薪製造で年間合計 276 時間である。また、この世帯では「戸主」、父親ともに、日々の炊事・洗濯・育児といった労働には携わっていない。

表 1-1　1918 年の農家世帯における労働時間調査の事例

|  |  | 戸主 44歳 | 妻 40歳 | 父 71歳 | 母 67歳 | 長女 18歳 | 次女 15歳 |
|---|---|---|---|---|---|---|---|
| 産業 |  | 2096 | 2179 | 1420 | 803 | 1795 | 135 |
|  | 藺（イグサ）栽培 | 49 | 80 | 31 |  | 81 |  |
|  | 藺（イグサ）製品 |  | 868 | 10 | 528 | 365 | 55 |
|  | 稲作 | 787 | 576 | 614 | 60 | 737 | 50 |
|  | 麦作 | 305 | 277 | 187 |  | 222 |  |
|  | 蚕豆（ソラマメ） | 51 | 18 | 28 |  | 13 |  |
|  | 紫雲英（レンゲ） | 20 |  | 15 |  | 10 |  |
|  | 桑園 | 65 | 20 | 40 |  | 30 |  |
|  | 大根 | 47 | 7 | 12 |  | 32 |  |
|  | 栗 | 45 | 10 |  | 20 | 20 |  |
|  | 畦豆 | 25 | 5 | 25 | 5 | 10 | 30 |
|  | 三椏（ミツマタ）刈 | 10 |  |  |  |  |  |
|  | 牛飼 | 185 |  | 180 | 180 |  |  |
|  | 養蚕 | 138 | 295 | 110 | 10 | 260 |  |
|  | 里芋 | 29 | 13 | 8 |  | 5 |  |
|  | 藁細工 | 340 | 10 | 160 |  | 10 |  |
| 産業関係雑 |  | 468 | 277 | 252 |  | 287 |  |
| 家事 |  | 437 | 822 | 275 | 3118 | 1317 | 885 |
|  | 炊事 |  | 80 |  | 1820 | 292 |  |
|  | 洗濯 |  | 240 |  |  |  |  |
|  | 裁縫 |  | 100 |  |  | 790 |  |
|  | 風呂焚 |  |  |  | 270 |  |  |
|  | 家掃除 |  |  |  | 144 |  |  |
|  | 育児 |  |  |  | 719 |  | 885 |
|  | 庭掃除 |  |  |  | 90 |  |  |
|  | 葬式 |  |  |  | 30 |  |  |
|  | 大掃除 | 25 | 25 |  |  | 25 |  |
|  | 買物 | 52 |  |  |  |  |  |
|  | 垣修繕 | 5 |  | 5 |  |  |  |
|  | 機織 |  | 180 |  |  | 200 |  |
|  | 屋根替 | 10 | 10 | 10 | 10 | 10 |  |
|  | 障子張リ | 18 |  | 20 |  |  |  |
|  | 石臼ノ修繕 | 10 |  |  |  |  |  |
|  | 来客及訪問 | 25 |  |  | 30 |  |  |
|  | 訪問 |  |  |  | 30 |  |  |
|  | 薪製造 | 270 | 140 | 90 |  |  |  |
|  | 味噌 | 5 | 10 |  | 25 |  |  |
|  | 醤油 |  | 5 |  | 20 |  |  |
|  | 醤油汲取及煮沸 |  |  |  | 10 |  |  |
|  | 餅搗 | 17 | 17 |  | 40 |  |  |
|  | 漬物 |  | 15 |  | 20 |  |  |
|  | 団子作リ |  |  |  | 10 |  |  |
| 公共事業 |  | 155 |  | 35 |  |  |  |
| 其ノ他 | 食事・睡眠 |  | 3071 |  |  |  |  |
|  | 食事・睡眠・講習 | 3086 |  |  |  |  |  |
|  | 食事・睡眠・老敬会 |  |  | 3081 | 3081 |  |  |
|  | 食事・睡眠・処女会 |  |  |  |  | 3081 |  |
| 休日 |  | 380 | 320 | 395 |  | 385 |  |

注 1）　調査当時は明治民法下で、家の統率者とする者を「戸主」と表記。
注 2）　対象世帯は、表中の6人と9歳の長男、2歳の次男の8人世帯である。
注 3）　表の（　　）内は原表にはなく筆者の補注である。

出所：農商務省農務局（1921）より作成。

　紹介した事例の結果については、同資料（農商務省農務局、1921）に掲載
された他の調査農家の家事分担を確認しても、日々の炊事・洗濯・育児と
いった労働は女性の担当であった。さらに、複数の女性によって担われてい
るこの事例がどの程度一般化できるのかについて、谷本（2016：35-7）は、
京都帝国大学が戦間期に行った『農家経済調査』の個票を用いて検討してい
る。検討によれば、家事労働が主に女性に配分されていること、そして複数
の女性が分担して家事労働を担っていたとする。農商務省農務局の資料と一
致する結果である。

　表 1-1 のような産業労働と家事労働の区別については、Delpfy（1984：
87）が、フェミニズムの観点から、農家における女性の「家事労働」
（housework）と「職業労働」（occupational work）の区別を行っている。
Delpfy によれば、農村と都市のすべての世帯に共通の自家消費のための生
産（production for self-consumption）が「家事労働」であり、農家世帯に
おいては、自家消費用の労働全体から「家事労働」を差し引いた残りが「職
業労働」である。Delpfy は、「職業労働」の定義は、「家事労働」に依拠し
ているとする。表 1-1 の分類には示されていないが、Delpfy のいうように、
都市と共通の自家消費用の生産を家事労働に分類していると考えることもで
きる[注2]。

　ところで、この世帯で男性が担っていた家事労働は、現在では、大掃除、
買い物以外はほぼ社会化されたか、不要になったか、または項目分類が変
更されている。技術史研究のコーワン（1983=2010：62）が、工業化のなか
で、楽になったのは男性の仕事であったと述べているように、表 1-1 の「戸
主」の家事時間の 6 割以上を占めていた薪製造は、現在ではガス、電気など
で代替され、家事労働として残存していない。コーワン（同：22-5）の記
述から確認すると、アメリカにおいても工業化社会の始まるまで、家庭のな
かに男性の仕事があった。燃料集め、薪割り、炉づくり、トウモロコシの粒
とり、小麦の粉ひきは男性の担当する仕事であった。そして、男女両方の仕
事として織布、乳搾り、水汲み、リンゴやジャガイモの皮むきがあった。し
かし、燃料集めは鋳物ストーブで石炭の使用へ、水汲みは公営水道に、革細

工は工場製長靴に、小麦の粉ひきは市販の小麦粉へと、工業化でそれらの仕事が軽減されたという。一方、女性がする炊事、洗濯、掃除などの仕事の多くは家庭に残り、コーワンは、工業化は女性を家事労働から解放しなかったとしている（同：68）。

　もっとも、世帯内にとどまっていた炊事、洗濯、掃除、育児などの家事労働を、工業化の過程で男性も担当していたという報告もみられる。イギリスの社会学者の Pahl（1984：59）によれば、19世紀末まで、イギリス北部の織物業の都市で男性の高賃金労働者の少ない地域では、女性が稼ぎ手の役割を引き受けていた。そして、夜に女性が家族の洗濯をしているときに、男性が掃除や子どもの世話、さらには寝かしつけをするのは珍しい光景ではなかったとしている。エンゲルス（[1845] 1957=1971：(2) 21-4）の著作でも、イギリスのランカシャーにおける家族の事例で、家事を担当する夫が報告されている。工場制機械工業の発展のなかで、工場に雇われ終日働く妻に代わって、職を失った夫が子どもの世話、掃除、洗濯、パン焼きや繕いものをするという家族の事例である。そして、こうした状態に夫が「世の中はさかさまだ」と嘆く様子が描かれている。

　1899年のイギリスのヨークで賃金所得者階級の調査をしたラウントリー（1901=1975）の報告には、男性の家事担当についての事例が紹介されている（同：48）。最貧層の事例であり、妻が外で働き、夫は足が不自由で仕事をしていないが、働けるときには家事をするという報告である。なお、労働者階級でも比較的余裕のある階層では、夫はたいがい自分自身で「仲間」をつくり、仲間の間で時間を費やすことができるが、妻は朝から晩まであくせく働かなければならない（同：87）。ラウントリーは、われわれの取り扱っている階級の女性は召使いをおく機会に恵まれず、妻の生活条件が「まったく好ましからざる」ものであると指摘している。

　日本の事情については、1923年の『婦人倶楽部』に、小学校教員夫婦の事例で夫の家事遂行についての記事（西原 1923=1980：218）が掲載されている。共働きの妻が体調の悪いときは家事いっさいを夫が行い、妻が仕事で遅くなったときには早く帰った夫が夕食の支度をするという記事である。

『婦人倶楽部』の「希望に輝く夫婦共稼の物語」の記事の一つであり、家事は主に妻が担うものの、夫も状況に応じて担うことが述べられている。

　工業化前の社会において男性に担われていた家事労働は，工業化の進行で多くが社会化したといえる。一方、炊事、洗濯、掃除、育児などの家事労働は、工業化が進行してもなお、世帯内にとどまり続けてきた。その家事労働は基本的には女性が担うものとされ、男性の関わりかたについては、事例をみた限りであるが、妻の代替要員としての関わりかたであった。

　では、なぜ炊事、洗濯、掃除、育児などの家事労働は世帯内にとどまり続けているのか、その理由について、次節以降で検討したい。

## 第2節　生活活動における家事労働

### 1．必要充足の種類と活動の分類

　炊事、洗濯などの家事労働が、生活活動全体のなかでどのように位置づけられるのかを、高橋（1988：301-3）の必要充足の種類と活動の分類から確認したい。高橋は、経済学の視点から自然との関係のなかで人間の行為・活動を考察し、経済の再生産循環が行われる場としての家庭について分析を行っている。そして、家庭を形成する夫婦を登場させ、彼らの「個々の生活行為を、すべて活動と呼ぼう」として、表1-2のように活動を分類している（同：301）。

　まず、「必要」の項目を表のとおり8項目に分類する。そして、「1．睡眠・休息」から「7．社会関係」までを「個体保存のための活動」とし、「8．育児・教育」を「種保存のための活動」とする。「必要」の充足に関わる活動は、表のとおり3分類する。高橋は、食べる、着るなどの必要の「直接の充足過程」をなす活動を、第Ⅰ類の活動と名づける。そして、その活動が行われるためには、物質的手段が必要であるとする。例えば「食べる」という活動のためには「食物」という物質的手段を必要とし、その「充足手段獲得の活動」を第Ⅲ類の活動と名づける。この「充足手段獲得の活動」は、通常

表1-2　必要充足の種類と活動の諸形態

| 「必要」の項目 | 直接の充足過程 | 充足に付随する活動 | 充足手段獲得の活動（手段名のみ） | |
|---|---|---|---|---|
| 1．睡眠・休息 | 1-Ⅰ　眠る・休む | 1-Ⅱ | 1-Ⅲ　寝具 | 個体保存のための活動 |
| 2．食事 | 2-Ⅰ　食べる・飲む | 2-Ⅱ　炊事・後片づけ | 2-Ⅲ　食料・水・燃料 | |
| 3．衣 | 3-Ⅰ＊着る | 3-Ⅱ　裁縫・洗濯 | 3-Ⅲ　布地・衣類 | |
| 4．住 | 4-Ⅰ＊住む（使う） | 4-Ⅱ　掃除・補修 | 4-Ⅲ　家屋・家具 | |
| 5．排泄・入浴など | 5-Ⅰ　洗面・排泄・入浴する | 5-Ⅱ　水汲み・風呂たき・排泄物の処理 | 5-Ⅲ　水・燃料 | |
| 6．娯楽・文化 | 6-Ⅰ　遊ぶ・知識を増やし・整理し・蓄積する | 6-Ⅱ | 6-Ⅲ　（例）楽器 | |
| （7．社会関係） | 7-Ⅰ | 7-Ⅱ | 7-Ⅲ | 種保存のための活動 |
| 8．育児・教育 | 8-Ⅰ | 8-Ⅱ　炊事・洗濯など | 8-Ⅲ　食料・衣類など | |
| | 子供を生み・育て・教育・訓練を授ける | | | |
| | 第Ⅰ類の活動 | 第Ⅱ類の活動 | 第Ⅲ類の活動 | |

＊印は、そのための特別の時間を必要としない活動。

出所：高橋（1988：301）。

「生産活動」と呼ばれる。さらに、「直接の充足過程」に付随し、距離的・時間的にもそれに密着して営まれ、すでに獲得された物質的手段を直接的充足のために準備するような「充足に付随する活動」を第Ⅱ類の活動とし、第Ⅰ類と第Ⅲ類の間に位置づける。

　しかし、高橋は、この第Ⅱ類の活動は、充足手段獲得の活動という意味では第Ⅲ類の活動に分類でき、後述するように第Ⅱ類と第Ⅲ類の区別は、かなり便宜的なものであるとする。この第Ⅱ類の必要の「充足に付随する活動」は、炊事、洗濯、掃除など、いわゆる「家事労働」と呼ばれているとする。第Ⅰ類の「直接の充足過程」は、その性格上、その人自身による充足でなければならないが、第Ⅱ類の「充足に付随する活動」は、必要の充足をする人とは異なった人によってもなされることが可能である。しかし、充足の活動と場所的・時間的近接という条件によって、従事する人の範囲は限定されるとしている。

## 2. 必要の「充足に付随する活動」と「充足手段獲得の活動」

　高橋（同：303）は、必要を充足する人とは異なった人によってなされう
るという意味では、第Ⅲ類の活動はなおのことそうであるとする。第Ⅲ類の
活動は、場所的・時間的に直接の充足過程の制約を脱している。例えば、数
カ月前の外国産の飲み物や食料を日本の食卓に乗せることができる。そうし
た特徴から、第Ⅲ類の活動は、家庭の外において社会的共同で営まれること
が可能な活動であるとする。また、第Ⅱ類の活動も、その場所的・時間的制
約がゆるめられる度合いに応じて、その活動の共同化、すなわち社会化が可
能であるとする。しかし、高橋（同：335-8）は、第Ⅱ類の活動は必要充足
過程により近いために、その特殊性ないしは個別的な必要に適合するため、
活動それ自身が特殊的ないし個別的に遂行されなければならない活動である
とし、そのことが、他の活動に比べ社会化において一歩後れをとった一つの
理由であるとしている。また、消極的な理由として、これらの活動は個別的
にも結構やっていけるということであろうとしている（同：352）。
　そのうえで、高橋（同：338-42）は、技術的側面からだけみれば共同化
が可能だとしている。ホテル、食堂、浴場、託児所、病院など家庭の外で行
われ、他人のために行われる活動になる場合や、家庭内においても〝巡回
サービス社（隊）〟（〝お手伝い〟）に委託すれば社会化が可能となるとする。
共同炊事のように直接に社会的共同化を企てることもできようし、分業的な
共同化の方向をとることも可能であるとする。さらに、家庭内の活動を助け
る器具によって活動を著しく短縮し、軽減し、あるいは能率化できる場合、
その道具を生産するために社会的活動が費やされている。例えば、洗濯活動
は洗濯機を取り入れることにより軽減されるが、洗濯機の生産のためには
個々の家庭から社会的活動の場に活動がもたらされることが必要である。こ
のような活動の移行も社会的に共同化したと考えることができるとする。
　個別世帯の活動によって生産されていた物資やサービスが、工業化のなか
で社会的共同の場で生産されるようになる。高橋が第Ⅱ類の活動と第Ⅲ類の
活動の区別は便宜的なものであるとしたのは、明確な区別はできないからで

ある。例えば、表1-1の戦前の農家の労働時間の分類で、家事に分類されていた機織、味噌づくり、漬物などは、現在では工場生産であり、第Ⅱ類から第Ⅲ類への移行の例である。

　家庭が社会的労働により生産された製品を使用すれば、かなりの家事は軽減される。外食、惣菜や弁当などの調理食品、そして配食サービスなど、食の外部化も進行している。洗濯サービスも、そのまま袋に入れて依頼する宅配＆洗濯代行サービスなどもある。しかし、いまだ自宅で洗濯機を動かすことのほうが一般的であろう。社会化は進行しても、家事労働、高橋のいう「充足に付随する活動」の多くは、世帯内で行われている。では、どのような活動が、世帯内にとどまりやすいのかを、次の節で検討する。

　なお、高橋（同：346）は、社会化については、社会的共同化、共同化などの表現を用いている。文脈のなかで用いられかたはさまざまであるが、家庭内での私的活動を社会的共同活動の過程で遂行するようになることを社会化としている。本書でもこの理解に従う。

## 第3節　世帯内にとどまる家事労働

### 1．個別の必要に対応する家事労働

　必要の「充足に付随する活動」の社会化の遅れについて、高橋は、先述したとおり、その特殊性ないし個別的な必要に適合するため、活動それ自身が特殊的ないし個別的に遂行されなければならないことを挙げていた。そして、必要の充足に近い活動になればなるほど、家族の個々の成員を念頭においた活動になっていくとする。食事の時間に合わせて調理の活動は行われようし、幼い子にはそれに適した調理のしかたがあろうとし、衣服になればなおさら性別、年齢、体格などによってそれぞれ異なった加工活動が要求されるとする。松村（2000：52）も、「家事活動では、対面的な小集団あるいは、一人で、発生した欲求に対応する活動をおこなう」と、家事活動が個別的な欲求に対応する活動であるという特徴を述べている。このように個別の必要

に対応するという家事労働の特徴が社会化を難しくしていると考えられる。

## ２．必要の充足過程と時間的・場所的近接が求められる家事労働

　高橋の指摘のように、家事には必要の充足過程と時間的近接、場所的近接が求められる。そのことが家事労働の社会化が進まない要因の一つと考えられる。時間的近接という考え方については、Coltrane（2000：1210）も、家事の内容には延期のできない、裁量の余地のない義務的な日々のルーティンな家事と、ときどき行えばよく、時間的にもフレキシブルで、裁量の余地のある家事があるとしている。前者の例としては、「食事の用意・料理」、「掃除」、「食料や日用品の購入」、「食事の後片づけ」、「洗濯、衣類の整理」であり、後者は「ガーデニング」や「家の修理」であるとする。Noonan（2001：1137）は、前者の家事の「食事の用意・料理」、「掃除」、「食事の後片づけ」、「洗濯、衣類の整理」を伝統的に女性の仕事として行われてきた家事とし、後者の「家の修理」を男性によって行われてきた家事、さらに「食料や日用品の購入」は、男女両方に担われてきた家事と分類している。先の農家調査の男性の家事項目をみても、時間的に裁量の余地のある家事項目が男性の担う家事であった。

　時間的近接とともに場所的近接という条件を含めて家事項目をさらに細かく分類すると、まず、欲求の発生した時間にかなり近いタイミングで必要となる項目は「食事の用意（温め・配膳）」と「育児」である。必ずしも居住する場でなくてもよいが、場所的に必要とする人と近接して行われる家事項目である。食事は必要とする人の求める時間に、その人のいる場で食事を提供することが求められる。育児は、つねに子どもの必要に対応することが求められる。必ずしもつねに同じ場所で対応することはなく、家族や、保育士、ベビーシッターなど、担当者の変更はありつつも、近くで、いつも見守る活動である。これらは先の個別の必要に対応する家事労働でもある。保育所など、社会的な共同活動において時間や場所を限定的に設定することは可能であるが、24時間の個別の必要に共同で対応することは容易ではなく、対応する範囲は限られる。

　次に、多少の時間的ズレは大丈夫だが、日々のルーティンな家事項目とし
ては、「料理」、「食料や日用品の購入」、「食事の後片づけ」、「掃除」、「洗濯、
衣類の整理」が挙げられる。これらの家事項目は、多少延期はでき、何日か
分をまとめて行えるが、場所的に主に世帯内における家事であり、社会的な
共同活動を進めにくい家事である。なお、「料理」については、外食やデリ
バリー、さらに冷凍食品、弁当、惣菜などの調理食品の購入で各世帯での活
動は縮小しているが、多くは日々世帯内で行われている。また、「食料や日
用品の購入」の項目も、必要充足活動の場所以外から、注文・配達依頼は可
能であるが、受け取り、搬入は世帯内での仕事となる。「洗濯、衣類の整理」
は、クリーニングサービスの利用で活動の縮小はかなり可能となるが、依
頼、受け取り、衣類の収納はその世帯内での労働となる。

　そして、時間的にフレキシブルな家事項目としては、「ガーデニング」や
「家の修理」が挙げられる。場所的には近接（住居内あるいは周囲）が求め
られる家事であるが、ときどき行えばよく、さらにガーデニングの場合は居
住空間ではないために、外部の専門家に依頼しやすく社会化が容易な家事で
ある。しかし、社会的な共同活動にはならず、個別の世帯の必要に対応する
労働となる。

## 3．時間消費的な家事労働

　Coltrane（2000：1210）は、「食事の用意・料理」、「食料や日用品の購入」、
「食事の後片づけ」、「掃除」、「洗濯、衣類の整理」の5項目を、時間消費
（time-consuming）的な家事であるとしている。しかし、現在は時間節約を
可能にする器具や家電製品、さらに調理食品などの普及により、時間の消費
は、ずいぶんと軽減されてきている。すでにBecker（1965：514）も1965
年には、調理を例に、煮込み料理などの時間消費的な料理からステーキなど
時間がかからない料理に、また、半加工の料理を利用するなど、時間節約の
方向にあることを指摘している。

　宮島（1992：106-7）は、Beckerの時間消費の考えかたについて、家庭を
企業と同様に生産（または生産的消費）の主体と捉え、非市場的な家庭内生

産（home-production）における「時間」の重要性を強調したとしている。そして、家庭内生産の時間が重要な意味をもつのは、外部の雇用機会への供給労働時間を左右するからであるとする。宮島はこうした考えを紹介しながら、洗濯や料理が、洗濯機や調理機器・調理食品などによる時間節約ができるのに対し、育児や介護は、本質的に「時間消費的」な家庭内のサービス生産であるとする。育児や介護は、直接的なサービスの供給だけでなく、身近にいて様子を見守り、精神的な接触を保つという間接的なサービスが不可欠な要素となっているからであるとする。

　育児や介護は、保育所や介護施設など社会的なサービスの供給が広がるなかで、ずいぶんと社会化も進んでいるが、先にも述べたように、とくに育児の場合は、24 時間の個別の必要に社会的な場で対応することは容易ではなく、対応する範囲は限られる。さらに、育児の場合は、情緒的な関係づくりや教育的意味も求められ、個別での細やかな対応が求められるから、社会化する場合は十分な人的配置が必要である。

　個別の必要に対応せねばならず、必要充足過程と時間的・場所的近接が求められる家事は、時間節約の家事製品やレトルト食品，惣菜などの調理食品の購入によっても、完全には社会化できない。また、保育サービスや介護サービスの利用は、社会全体の供給量に制限されるとともに、必要とする世帯の条件や希望の程度もさまざまである。作業面で家族員の活動を不要とする完全な社会化の可能性としては、家事サービス職業従事者への委託や優秀なロボットの開発か、もしくは世帯を超えた共同化という形であろうが、ロボットの開発についてはまだ部分的であり、当分先の話だろう。家事の社会化の進行と今後の見通しについては次の第 2 章で詳しく検討する。

## 第4節　感情労働という家事労働

　家事労働のサービスに含まれる労働とも考えられるが、感情労働（Emotional work）という労働がある。Train（2016：1082）は、感情労働は、女性の家事労働の中心的な仕事であるとし、緊張を管理することは、女

性のケアワークに期待された拡大部分であるとみなされるとする。女性は、公共圏（公共領域）でつくり出された家族メンバーのストレスや、職場での緊張をマネジメントすることを期待されているとしている。

ホックシールドも感情労働を取り上げている。1989 年の著作『セカンドシフト』（1989=1990：167）では、ファーストシフトを勤務、セカンドシフトを家事とし、セカンドシフトに感情労働を含めている。例えば、感情労働は、子どもたちが何を求め、何を感じているかを考える仕事であるとする。さらにもう一つ、理想と現実の結婚生活との衝突を避けるために行う感情のコントロールも感情労働であるとしている（同：84）。この意味での感情労働は、「自分が感じたいと望んでいる『正しい』感情を感じるように努める作業」（同：67）であるとする。具体的には、ジェンダー平等を理想とする妻が、夫との不平等な家事分担を、夫婦で対等に分担していると思い込むことにより、理想と現実のギャップを気持ちのうえで封じ込める労働であるとしている。

その後、ホックシールドは、『タイム・バインド』（1997=2012：88-9、324-5）においては、ファーストシフトを勤務、セカンドシフトを家事、そして感情労働をセカンドシフトから、第三のシフト（サードシフト）である時間労働のなかに含めた。第三のシフトとは、職場での仕事（ファーストシフト）が増え、家庭での時間（セカンドシフト）が圧縮され、そのことがもたらす感情的な帰結に注意を向け、理解し、対処することであるとしている。例えば、保育所に行く時間になっても支度をすることに抵抗する子どもをなだめ、自分自身のいらだちをなだめることは、時間の圧迫が引き起こした損傷を修復するために必要な感情労働であるとしている。なお、Train は、感情労働を女性の労働としているが、ホックシールドは父親の感情労働の例も取り上げており、女性に限った労働ではない。

この感情労働を家事労働に含めるのか、また、そもそも労働とするのかは議論の余地がある。しかし、感情労働は、自分自身の感情をコントロールする行為であるとともに、子どもや他の世帯員の感情への対処という行為でもあり、位置づけはともかく、日々の生活のなかでの活動として留意しておく

活動であろう。

注1）「戸主」の時間について、資料の第一号表（作業別にまとめた世帯員の「所要時間」）には、大掃除の時間は25時間、障子張りの時間は18時間と記録されているが、第二号表（世帯員別にまとめた「所要時間」）では、それぞれ28時間、19時間と記録されている。全体の合計数字などを確認し、第一号表の数値を用いた。

注2）Delphyによれば、農場における会計上の自家消費の定義は、自家消費のためのすべての農業生産から、農村と都市のすべての世帯に共通の自家消費のための生産を差し引いたものである。現在の日本でも、農家の農産物の自家消費分はGDPに含まれるが、農村と都市のすべての世帯の自家消費分、すなわち家事労働の生産分はGDPに含まれない。

第 **2** 章

家事労働の社会化の進行

## 第1節　家事労働の社会化の形態

### 1.　「場」を中心にみた社会化の形態

第1章で確認したとおり、現在でも世帯内で多くの家事労働が行われている一方、家事を省力化する工業製品やサービスの利用などにより、家事労働の社会化は進行している。社会化については、第1章でも述べたとおり、高橋にしたがって（1988：346）、家庭内での私的活動を社会的共同活動の過程で遂行するようになることを社会化とする。本章では社会化の形態の分類とともに、社会化の進行の状況を確認する。

家事労働の社会化の形態については、第1章第2節で紹介した高橋の見解（同：338-42）をもとにして、表2-1のような分類を試みた。大きくは、社会化の形態を物資・サービスを生産する場によって、「住居の外部」、「住居の内部（敷地を含む）」、「複数の世帯の共同の場」、「場」ではないが、その基盤となる「社会資本」に分類した。そして、「住居の外部」については、形態別に4つの形態に分類した。

「住居の外部」において生産される物資・サービスの社会化の形態としては、表のとおり、まず「家事労働の能率を上昇させる機械器具」が挙げられる。表には冷蔵庫、ガスコンロ、電子レンジ、食洗機などを例示した。次は「家事労働を代替・軽減する物資」で、惣菜、レトルト食品、冷凍食品などの調理食品、既製服、さらに紙オムツを例示した。その次は「家事労働を代替・軽減するサービス」で、このサービスは家事作業に関わるサービスと育児・看護・介護など人に関わるサービスに分けられる。家事作業に関わるサービスでは、食堂、出前、給食、衣服のクリーニング、服の修理などを例示した。育児・看護・介護など人に関わるサービスでは保育所、学童保育、病児保育、高齢者施設、病院、学校などを例示した。

「住居の内部（敷地内を含む）」における社会化の形態としては、「家族以外の家事従事者・職人などによるサービス」が挙げられる。家政婦（夫）、

表 2-1　家事・育児（家政管理を除く）の社会化

| 物資・サービスを生産する場 | 形態 | 生産された物資・サービスの例 |
|---|---|---|
| 住居の外部 | 家事労働の能率を上昇させる機械器具 | 冷蔵庫、ガスコンロ、電子レンジ、食洗機、洗濯機、掃除機など |
| | 家事労働を代替・軽減する物資 | 調理食品（惣菜、レトルト食品、冷凍食品など）<sup>注)</sup>、既製服、紙オムツなど |
| | 家事労働を代替・軽減するサービス（家事作業に関わるサービス） | 食堂、出前（デリバリー）、配食サービス、給食、宅配、子ども食堂、衣服のクリーニング、服の修理など |
| | 家事労働を代替・軽減するサービス（育児・看護・介護など人に関わるサービス） | 保育所、学童保育、病児保育、高齢者施設、病院、学校、障害者施設、学習塾、ファミリーサポートセンターなど |
| 住居の内部（敷地を含む） | 家族以外の家事従事者・職人などによるサービス | 家政婦（夫）、家事代行、ハウスクリーニング、ベビーシッター、ホームヘルパー、家の修理（大工）、庭木の剪定（庭師）など |
| 複数の世帯の共同の場 | 構成員の共同作業 | コレクティブハウスでの炊事・掃除・菜園管理、生協の共同購入、自治会・町内会などの地域清掃など |
| 社会資本 | 設備、施設、サービス | 電気、ガス、上下水道、インターネット・電話、ゴミの収集など |

注）調理食品の分類については、総務省（2020）の「日本標準商品分類」の（大分類 7、中分類 75、その他の食料品）」による。

家事代行、専門技術をもった大工や庭師、そしてハウスクリーニング業者のスタッフなどによるサービスが例示できる。

　「場」としては、「複数の世帯の共同の場」も考えられる。形態としては、「構成員の共同作業」の形態であり、まず、コレクティブハウスでの炊事・掃除・菜園管理が例として挙げられる。コレクティブハウスは共同炊事などの代表的な例であり、居住者同士が空間と時間の一部をシェアしながら、緩やかにつながるコミュニティをつくり生活する住まいである。コレクティブハウスの運営は統一された基準はないが、「コレクティブハウスかんかん森」

の場合は、それぞれが専用の住戸で生活しつつ、共用スペース、共用キッチン、菜園テラスなどを利用するとともに、当番でそうした場所の掃除・管理の係の活動を行う。そして、週に何度かコモンミールという夕食を共にし、その食事当番の役割も担うという暮らしかたである（コレクティブハウスかんかん森 居住者組合森の風 2014）。その他、地域などでの複数の世帯による共同作業としては、町内会や自治会による地域清掃や、生協の共同購入などが挙げられる。

　最後に、家事労働の社会化の基盤となる電気、ガス、水道などのインフラストラクチャーである「社会資本」の整備も社会化の一形態と考えられる。高橋（同：290）は、光・熱・動力のエネルギー源としての電気・ガスを配送するための電線・パイプ網は社会化の象徴であるとし、電話のネット、テレビのアンテナも個人の生活が社会に組み込まれていることを示しているとする。そして、こうしたことは人間生活の社会化であり、それは家庭の社会化でもあるとしている。家事労働の社会化よりも広い領域の社会化であるものの、家事労働の社会化の基盤となるもので、本章では、「設備、施設、サービス」として電気、ガス、上下水道、インターネット、電話、ゴミの収集を例示した。前章の表 1-1 のとおり、戦前の日本の農家では薪製造、風呂焚きという家事があったが、ガスの普及はその作業を不要とした。また、今でも水道の施設のない途上国では、水汲みは重要な家事労働である。社会資本が整備されることにより、家事の社会化が促進される。

## 2. 提供主体別にみた社会化の形態

　家事労働の社会化の分類については、すでに 1981 年に伊藤セツ（1981：220）が労働の内容と提供主体別に分類を行っている。伊藤は家事労働を、A 家事労働、B 対人サービス、C 家政管理に区分し、そのそれぞれについて、私企業（産業労働）による代替（サービスと商品に分類）、互助的代替、そして公務労働による代替という 3 つの側面から分類を行っている。伊藤セツの社会化の分類をもとにして、伊藤純（2021：175）も、A 家事労働、B 対人サービス、C 家政管理のそれぞれについて、民間営利セクター（産

業労働）による代替（サービスと商品に分類）、非営利セクター（NPO、協
同組合、ボランティア等互助的労働）による代替、公的セクター（公務労
働）による代替に分類している。そして、家事の項目それぞれに提供主体別
の社会化の具体例を示している。表2-1では扱わなかった家政管理の社会化
についても、伊藤純は、民間営利セクターの商品として「家計簿ソフト」、
サービスとして「献立・レシピの紹介」、非営利セクターでは、ボランティ
ア団体による育児・子育て支援事業、公的セクターでは消費生活アドバイ
ザーによる相談・助言などを例示している。

　提供主体別に社会化を分類することにより、提供主体の特徴を示すこと
ができる。例えば、複数の提供主体から提供されている食事（料理）の場
合、伊藤純は、民間営利セクターのサービスには、食堂、専門料理店、配達
飲食サービスなどを挙げている。非営利セクターのサービスには福利厚生的
食堂、ボランティアによる子ども食堂などを挙げ、公的セクターには、学校
給食、災害時の飲食物の支給などを挙げている。民間営利セクターのサービ
スは営利を目的とした活動であり、サービスを受けるためには提供主体の利
潤も含めた費用への支払いが生じる。非営利セクターの場合は、多くが助け
合いや生活支援の活動である。例えば、子ども食堂の場合、家庭での食事が
十分に保障されていない子どもに対し、食事を安価で提供している活動が多
い。公的セクターの場合は、国や自治体の政策に基づき費用の多くを公費で
まかなうサービスで、学校給食の場合は、学校給食の設備や運営に要する費
用は設置者（自治体）が負担し、経費以外が保護者負担である（学校給食法
第11条）。なお、現在、給食費無償化を実施する自治体も増加している。

　さらに、伊藤純は、公的セクターの対人サービスの社会化について、保育
所のほかにも乳児院や児童養護施設等の児童福祉施設を例示している。世帯
の子育て機能が著しく低下した場合、福祉的な機能を公的セクターが果たす
仕組みである。このような分類から、家事労働の社会化には福祉的な機能が
あることが確認できる。

## 第2節　住居の外部で生産される物資・サービスの社会化の動向

### 1．物資の社会化の動向

　家事労働の社会化は、先の表2-1で例示したとおりさまざまな形態で進められている。そのなかで、商品という形で「家事労働の能率を上昇させる機械器具」や「家事労働を代替・軽減する物資」について、どの程度利用されているのかをデータで確認したい。まず、表2-2は家事関連機械器具の普及率である。2005年から調査項目が変更され、2004年で調査が終了した項目については最終年である2004年の普及率を、2005年以降の調査項目については2022年の普及率を示した。表に掲載した2004年までの項目はすべて普及率が95%以上であり、しかも電気洗濯機はすでに1972年に、電気冷蔵庫

表2-2 家事関連機械器具の普及率（2004・2022年）

| 調査項目 | 普及率（%） |
|---|---|
| 2004年（全世帯） | |
| 電気冷蔵庫 | 98.4 |
| 電子レンジ | 96.5 |
| 電気洗濯機 | 99.0 |
| 電気掃除機 | 98.1 |
| 2022年 | |
| 食器洗い機（総世帯） | 29.2 |
| （2人以上の世帯） | 34.9 |
| 衣類乾燥機（総世帯） | 51.3 |
| （2人以上の世帯） | 54.3 |

注1）内閣府経済社会総合研究所の「消費動向調査」は、2004年で調査項目が変更されており、表の2004年の項目については2004年で調査終了となっている。

注2）調査対象は全国の世帯のうち、外国人・学生・施設等入居世帯を除く世帯で、全国より抽出。2022年の対象世帯数は6588世帯。

出所：内閣府経済社会総合研究所（2004、2022）より作成。

は 1974 年に、電気掃除機は 1979 年に 95％を超え、電子レンジも 2001 年に
は 95％を超えている（内閣府経済社会総合研究所 2004）。2005 年以降につ
いては、2022 年の食器洗い機の普及率は 2 人以上の世帯で 35％、衣類乾燥
機の普及率は 54％と、2004 年までの項目に比べ、普及率は低い（同 2022）。
また、衣類乾燥機の場合、東京ガス都市生活研究所の調査（2013：12）に
よれば、所有していても使用しない世帯も多く、使用しない理由として、光
熱費がかかる、乾燥に時間がかかる、洗濯物がしわになりやすい、傷みやす
い、縮むなどの理由が挙げられており、機械器具の所有が家事の能率や質を
上げることに結びつかない場合は、利用が進まないことが考えられる。

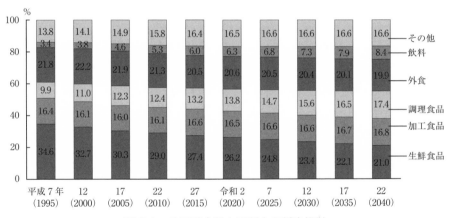

図 2-1　品目別食料支出割合の将来推計

注1）平成27（2015）年までは、家計調査、全国消費実態調査等より計算した実績値で、令和
　　 2（2020）年以降は試算。令和元（2019）年時点での試算であるため、新型コロナウイ
　　 ルス感染症の影響は考慮していない。
注2）平成27（2015）年価格による実質値の割合。
注3）生鮮食品は、米、生鮮魚介、生鮮肉、牛乳、卵、生鮮野菜、生鮮果物の合計。
注4）加工食品は、パン、麺類、他の穀類、塩干魚介、魚肉練製品、他の魚介加工品、加工
　　 肉、乳製品、乾物・海藻、大豆加工品、他の野菜・海藻加工品、果物加工品の合計。
注5）調理食品は、主食的調理食品と他の調理食品の合計で、他の調理食品には冷凍調理食品
　　 も含む。
注6）その他は、油脂・調味料、菓子類、酒類の合計。
原出所　農林水産政策研究所「我が国の食料消費の将来推計（2019年版）」をもとに農林水産
　　　　省作成。
　　　　　　　　　　　　　　　　　　　　　　　　　　　　出所：農林水産省（2021）。

　調理食品や外食などの利用の状況については、図2-1のとおり、農林水産省（2021）が品目別食料支出割合の実績値と推計を示している。図2-1は1995年から2015年までが実績値で、2020年から2040年は推計である。

　調理食品の支出割合は増加し、今後も増加する可能性が示されているが、外食の割合は微減の傾向にあり、今後も微減の可能性が示されている。一方、生鮮食品の割合は減少傾向にあり、今後も減少すると推測される。社会化といっても外食ではなく、調理食品の購入という形での社会化が進むことが推測される。また、生鮮食品の購入割合は減少しているものの、もっとも高い割合を示しており、個別世帯での調理も、引き続き行われることが予想される。

## 2. 保育の社会化の動向

　子どもの保育については、図2-2の保育所等利用率の推移にみられるように、就学前児童の半数以上が保育所等を利用しており、子どもの保育の社会化が着実に進行している。2022（令和4）年4月の利用児童数は273万人で、利用率は、0歳児では17.5%、1・2歳児では56.0%、3歳児以上では57.5%となっている（厚生労働省2022）。2015年4月に施行された子ども・子育て支援新制度において新たに位置づけられた幼保連携型認定こども園等の特定教育・保育施設と特定地域型保育事業（うち2号・3号認定）も加え、数の確保についての政策は進行している。質の確保の面では課題も多いが、保育の社会化の流れは今後も続くと思われる。

　以上みてきたように、家事労働の社会化は進行しているとはいえ、いまだに多くの家事が個別の世帯で行われているし、今後も行われていくだろう。第1章で、家事労働は必要充足過程にある人と時間的・場所的近接が求められ、そうした個別の必要に対応せねばならないために社会化は難しいこと、完全な社会化の可能性としては、家族員以外の家事サービス職業従事者への委託と優秀なロボットの開発、さらに世帯を超えた共同化であると述べた。ロボットについては、実際に、トヨタの未来創生センター（2023）などで、家事補助ロボットの研究開発を行っており、工業製品として個別世帯に

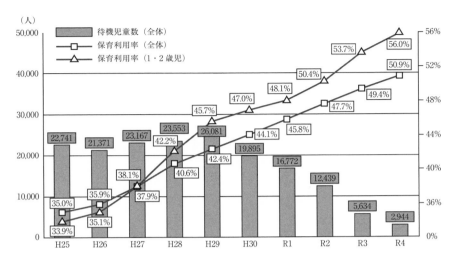

図 2-2　保育所等待機児童数および保育所等利用率の推移

注1）2015年以降の保育所等利用率には、従来の保育所に加え、2015 年 4 月に施行した子ど
　　　も・子育て支援新制度において新たに位置づけられた幼保連携型認定こども園等の特定
　　　教育・保育施設と特定地域型保育事業（うち 2 号・3 号認定）の数値を含む。
注2）保育所等利用率とは、就学前児童数に対する保育所等利用児童数の割合。
　　　　　　　　　　出所：厚生労働省(2022)「保育所等関連状況取りまとめ」（注は筆者作成）。

普及する日が訪れる可能性もあるが、本書を執筆している 2023 年の時点で
は、近い将来に目にする状況とは考えにくい。世帯を超えた共同化について
は、先述の「コレクティブハウスかんかん森」のように、部分的な共同化の
ような事例が知られているにとどまる。共同化はその構成員として自らも共
同作業に従事することであり、家事労働の軽減・省力化とは異なる理念で運
営されている。
　では世帯内での家事サービス職業従事者への委託については、今後日本で
はどのように進むのか、次の第 3 節で検討したい。

## 第3節　家事サービス職業従事者による世帯内での家事労働

### 1.　家事サービス職業従事者数の推移

　個別世帯において家族メンバー以外に家事を委託するためには、委託できる世帯の条件とともに家事サービス職業従事者の存在が必要である。Train（2016：1084）は、外部の労働者に家事を委託できるのは、以下のように、それなりの条件が必要であるとしている。「非伝統的な職業や男性支配の職業において、高収入で専門的な管理職についている女性は、家事と育児を手伝う外部の労働者を雇う贅沢を手に入れることができる。しかし、高収入の専門職の女性がこうした労働に依存できるのは、労働者階級で、貧しく、マイノリティの女性が、他の仕事へのアクセスができないために、不安定で不確かな家事・育児の労働に安い賃金で働くことをいとわないからにほかならない」としている。すなわち、他の仕事にアクセスできずに低賃金でも働く貧しい女性の存在が、家事労働の外部化を支えているという。

　Train が外部化の条件として挙げた貧しく低賃金でも働く女性の存在については、戦前の日本においても指摘されているところである。丸岡（1937＝1980：115）は1934年の農村調査をもとにして、農村の貧しさが「女中」、家事手伝いの供給源となっていたことを指摘している。丸岡が紹介している 1934 年の帝国農会の福島県保安課の調査（帝国農会 1935：83-6）を確認すると、1934 年 1 月～ 10 月に出稼ぎに出た「婦女子」数は 1 万 3,380 人、内訳は、「芸妓」251 人、「娼妓」299 人、「酌婦」752 人、「女給」654 人、「女中子守」4,638 人、「女工」4,929 人、「その他」1,857 人であり、「女中子守」が全体の 35％を占めていた。東北地方の凶作との関係での調査結果であり、結果についての解説では「東北地方の凶作がもたらした社会的悲惨事として、世人の注目を惹きつゝある婦女子の出稼は、東北地方のみならず全国に亘つて見られる事実であるが、東北地方は従来に於ても特に甚しく、これが九年（筆者注：昭和 9（1934）年）の凶作によつて拍車を加へら

れつゝあるものに過ぎない。」と述べられている。

　帝国農会の調査とほぼ同時期の 1930 年の国勢調査（総務省統計局 1930）
で「家事使用人」に分類されたデータを確認すると、表 2-3 のとおり、女性
有業者 1,058 万 9,403 人中、「家事使用人」は 69 万 7,116 人で全体の 6.6％を
占めていた。また、女性の「家事使用人」の 96％に当たる 66 万 9,186 人が
「主人の世帯に在る家事使用人」で住み込みの使用人である。「通勤の家事使
用人」は 2 万 7,930 人で 4％に過ぎない。15 歳未満に限ってみると、表 2-3
のとおり 99％が「主人の世帯にある家事使用人」である。15 歳未満の有
業者中「家事使用人」は 29.2％を占め、年少の有業者の主要な職業の一つ
であった。しかも、11 歳未満では有業者に占める「家事使用人」の割合は
73.8％である。さらに、女性の「家事使用人」の 24.6％に当たる 17 万 1,735
人が 15 歳未満であり、「家事使用人」全体のなかでも年少者が一定の割合を
占めていたことが確認できる。ちなみに男性の場合、「主人の世帯に在る家
事使用人」は 3 万 6,942 人、「通勤の家事使用人」は 4 万 7,261 人で合計 8 万
4,203 人であり、男性有業者の 0.4％である。したがって、「家事使用人」の
多くは女性であった。なお、産業分類で家事に分類されるが、植木職、自動
車運転手、家庭教師などの特殊の業務に従事すると認められる者は、職業小
分類ではそれぞれ該当の職業に分類され、その他の者が、「主人の世帯にあ

表 2-3　1930 年の『国勢調査』職業（小分類）による家事使用人数（全国）

（人・％）

| | 女性総数 | 男性総数 | 女性の 15 歳未満について | | | | 女性総数に占める 15 歳未満の割合 |
| --- | --- | --- | --- | --- | --- | --- | --- |
| | | | 15 歳未満計 | 0-11 歳 | 12-13 歳 | 14 歳 | |
| 有業者総数 | 10,589,403 | 19,030,237 | 588,966 | 30,757 | 266,023 | 292,186 | 5.6 |
| 家事使用人 | 697,116 | 84,203 | 171,735 | 22,692 | 86,884 | 62,159 | 24.6 |
| 主人の世帯に在る家事使用人 | 669,186 | 36,942 | 170,569 | 22,587 | 86,180 | 61,802 | 25.5 |
| 通勤の家事使用人 | 27,930 | 47,261 | 1,166 | 105 | 704 | 357 | 4.2 |
| 有業者に占める家事使用人の割合 | 6.6 | 0.4 | 29.2 | 73.8 | 32.7 | 21.3 | |

出所：総務省統計局 「国勢調査」（1930）より作成。

る家事使用人」、「通勤の家事使用人」に編入されている。

　1930 年頃に住み込みの「家事使用人」がどのような仕事をしていたのかについては、大森ら（大森 1981：240）が 1974 年に行った回顧法による調査で確認できる。

　大森らの調査によれば、1930 年代の東京での家事について、主に「女中」が行っていたという回答の多い家事は、火おこし、ご飯炊き、味噌をする、味噌をこす、ぞうきんがけ、来客の取り次ぎであった。「主婦」と「女中」とで行っていたという回答の多い家事は、雨戸あけ、はたきかけ、ほうきではく、たらいで洗濯である。また、「主婦」が主に行っていたという回答の多い家事は、料理つくり、ほどきもの、洗い張り、仕立て直し、新しい布の裁縫、ふとんつくり、継ぎ物、子どもの世話、お茶を出す、である。さらに、「主婦」が行い、「女中」はほとんど関わっていない家事としては、御用聞きに注文、家計簿記帳、買い物のメモをつける、神、仏に関すること、来客のもてなしであった。こうした分担をみると、「主婦」「女中」ともに担っていた家事もあるものの、管理的な家事は主に「主婦」が担い、「女中」は作業的な家事を担っていたといえる。

　表 2-4 の国勢調査の結果から戦後の動向を確認すると、「家事サービス職業従事者」は、1990 年まで減少を続けていた（総務省統計局 各年）。1950 年は男女合わせて 28 万 53 人、70 年には 14 万 1,150 人、90 年には「家事サービス職業従事者」が 9 万 5,117 人と減少傾向が続いた。しかし、1990 年代に本格化した在宅福祉対策、さらに 2000 年に施行された介護保険制度により、訪問介護員（ホームヘルパー）という資格をもった在宅介護を支える職業に従事する者が増加し、2000 年の「家庭生活支援サービス職業従事者」は 17 万 9,190 人となった。

　さらに、2010 年には、訪問介護従事者は「家庭生活支援サービス職業従事者」から「介護サービス職業従事者」に分類が変更され、「家庭生活支援サービス職業従事者」に「訪問介護従事者」を含めると、29 万 9,910 人に上る（総務省統計局 各年）。2000 年に創設された介護保険制度により、新しい形で住居の内部で家族以外の担当者によるサービスが提供されるように

表 2-4　家事サービス職業従事者の推移（「国勢調査」職業（小分類）による）

(人)

| 1950年 | | | 1960年 | | | 1970年 | | | 1980年 | | |
|---|---|---|---|---|---|---|---|---|---|---|---|
| 職業小分類 | 女性 | 男性 | 職業小分類 | 女性 | 男性 | 職業小分類 | 女性 | 男性 | 職業小分類 | 女性 | 男性 |
| 家事サービス従事者 | 269,603 | 10,450 | 家事サービス従事者 | 308,200 | 2,560 | 家事サービス従事者 | 138,810 | 2,340 | 家事サービス職業従事者 | 104,586 | 2,861 |
| 女中（個人の家庭の） | 233,639 | 0 | 家事女中 | 254,370 | — | 家事女中（住み込みのもの） | 54,820 | — | 家事手伝い（住み込みの女子） | 21,530 | – |
| 派出婦 | 13,382 | 0 | 家政婦 | 21,880 | 20 | 家政婦 | 23,775 | — | 家政婦 | 18,742 | – |
| その他の家庭使用人 | 22,582 | 10,450 | その他の家事サービス職業従事者 | 31,950 | 2,540 | その他の家事サービス職業従事者 | 60,215 | 2,340 | その他の家事サービス職業従事者 | 64,314 | 2,861 |

| 1990年 | | | 2000年 | | | 2010年 | | | 2020年 | | |
|---|---|---|---|---|---|---|---|---|---|---|---|
| 職業小分類 | 女性 | 男性 | 職業小分類 | 女性 | 男性 | 職業小分類 | 女性 | 男性 | 職業小分類 | 女性 | 男性 |
| 家事サービス職業従事者 | 92,874 | 2,243 | 家庭生活支援サービス職業従事者 | 172,584 | 6,606 | 家庭生活支援サービス職業従事者 | 23,310 | 910 | 家庭生活支援サービス職業従事者 | 19,660 | 1,160 |
| 家事手伝い（住込みの女子） | 11,801 | – | 家政婦（夫）、家事手伝い | 27,740 | 149 | 家政婦（夫）、家事手伝い | 16,030 | 400 | 家政婦（夫）、家事手伝い | 7,120 | 140 |
| 家政婦 | 42,230 | | | | | | | | | | |
| | | | ホームヘルパー | 133,040 | 5,124 | 下欄の訪問介護従事者へ | | | 下欄の訪問介護従事者へ | | |
| その他の家事サービス従事者 | 38,843 | 2,243 | その他の家庭生活支援サービス職業従事者 | 11,804 | 1,333 | その他の家庭生活支援サービス職業従事者 | 7,280 | 510 | その他の家庭生活支援サービス職業従事者 | 12,540 | 1,030 |
| | | | | | | 介護サービス職業従事者 | | | 介護サービス職業従事者 | | |
| | | | | | | 内 訪問介護従事者 | 255,120 | 20,570 | 内 訪問介護従事者 | 243,860 | 31,920 |

注1）国勢調査の職業については、「家庭生活支援サービス職業従事者」、「介護サービス職業従事者」は大分類の「サービス職業従事者」のなかの中分類である。従事者には雇用者のほか、業主、役員も含む。

注2）国勢調査の職業の分類は、総務省の日本標準職業分類にしたがっており、分類が改定されるたびに項目名などが変更される。なお、1997年の分類改定でホームヘルパーの項目が新設されたが（総務省、1997）、2009年の統計基準設定（総務省、2009）で、新設の中分類である「介護サービス職業従事者」のなかの小分類である訪問介護従事者に分類変更されている。

注3）1950年は、14歳以上の就業者数である。1960年からは15歳以上の就業者数で、抽出詳細集計結果である。

注4）結果数値の1の位を四捨五入して10単位としているため、総数と内訳を合計した値は必ずしも一致しない。

出所：総務省統計局「国勢調査」（各年）から作成。

なっている。介護保険でサービスを利用した場合、利用者は利用料の1〜3割を負担するという、公的な「ケアの社会化」である。もちろん、利用にあたっては費用的な制限や、サービスの管理に関わる労働の増加も伴うものの、今後もさらに広がる形態であると予想される。

現在の日本の家事サービスの利用者と提供者の関係は、多くの場合、先のTrainが描いた高収入で専門的な管理職についている女性が、貧しく低賃金でも働く女性を雇うという構図とは異なる関係にある。現実には制度開始時に比べ、サービスの利用についての自己負担割合が増加されるとともに、利用についての制限が厳しくなっているという問題は含んでいるが、社会保険が収入の高低にかかわらず、家事サービスを必要とする人の利用を保障し、サービス提供者の賃金の水準を維持することを理念とする仕組みである。

## 2. 家事サービスの費用と家計支出の実態

家事代行サービスは、2021年11月6日の『日本経済新聞』の記事によれば、掃除や洗濯、料理などの家事2時間あたりの料金が7,000円台の設定であり、週1回の定期利用では、利用者の支払額は月に3〜4万円となる。2014年の「小売物価統計調査」（総務省統計局 2014）によれば、通いで8時間勤務の「家政婦給料」が東京都区部で1日あたり1万1,200円である。なお、この調査の調査項目が2015年より家事代行サービスに変更されたために、現在の「家政婦給料」はこの調査からは明らかにできない。2015年からの「小売物価統計調査」（総務省統計局 2022c）では、家事代行料という項目で、ハウスクリーニング、換気扇、レンジフードのクリーニングを対象のサービスとしている。この調査の2020年の家事代行料は1回あたり約1万4,000円〜2万円で、東京都区部では1万7,225円となっている。

実際、どの程度の利用があるのかを「2019年全国家計構造調査」（総務省統計局 2021a）で確認すると、表2-5のとおりである。家計構造調査では、「炊事、洗濯、室内、庭の掃除」など通常の家事を世帯員以外の者に行わせ、そのサービスの対価として支払った賃金および料金を家事代行料としており、以下の費目を例示している。「○家政婦・派出婦・お手伝いさんなどの

表2-5　1世帯あたり1カ月間の家事代行料，および介護サービス料[1]
（2019年、二人以上の世帯）

| | 家事代行料<br>（円） | 介護サービス料<br>（円） | 世帯主の年齢<br>（歳） | 世帯人員<br>（人） | 有業人員<br>（人） |
|---|---|---|---|---|---|
| 二人以上の世帯 | 122 | 777 | 58.1 | 2.98 | 1.50 |
| 年間収入五分位階級別[2] | | | | | |
| 第Ⅰ（　～350万円） | 73 | 1,212 | 66.6 | 2.40 | 0.72 |
| 第Ⅱ（350～494万円） | 92 | 850 | 61.0 | 2.69 | 1.17 |
| 第Ⅲ（494～661万円） | 55 | 707 | 54.7 | 3.07 | 1.62 |
| 第Ⅳ（661～910万円） | 129 | 426 | 53.1 | 3.27 | 1.85 |
| 第Ⅴ（910万円～　） | 259 | 690 | 55.0 | 3.47 | 2.12 |
| 世帯主の年齢階級別 | | | | | |
| 30歳未満 | 0 | - | 27.0 | 2.67 | 1.64 |
| 30～39 | 96 | 7 | 35.1 | 3.40 | 1.64 |
| 40～49 | 139 | 100 | 44.7 | 3.48 | 1.70 |
| 50～59 | 84 | 392 | 54.4 | 3.12 | 1.97 |
| 60～69 | 92 | 964 | 64.7 | 2.77 | 1.64 |
| 70～79 | 127 | 978 | 74.0 | 2.60 | 1.02 |
| 80歳以上 | 274 | 3,204 | 84.1 | 2.49 | 0.63 |

注1) 家事代行料は、消費支出の家具・家事用品に分類され、介護サービス料は、その他の消費支出に分類されている。介護サービス料には、通所、施設サービス利用料も含まれるので、世帯内でのサービスのみでなく、世帯外のサービスも含まれている。

注2) すべての世帯を世帯の年間収入などを収入の低いほうから順番に並べて調整集計世帯数のうえで五等分し、2019年は、第Ⅰ五分位階級の上限は350万円で、分位の上限値が第Ⅰ階級と第Ⅱ階級の境界値である。以下、第Ⅱ階級と第Ⅲ階級の境界値は494万円、第Ⅲ階級と第Ⅳ階級の境界値は661万円、第Ⅳ階級と第Ⅴ階級の境界値は910万円である。

注3) 「全国家計構造調査」は、1959年以来5年ごとに実施してきた「全国消費実態調査」を見直して実施。2019年調査が現在の最新年。毎月実施する「家計調査」の対象世帯数が9,000に対し、約8万4,000世帯（家計収支のみでは約4万世帯）を対象とした大規模調査である。

出所：総務省統計局（2021a）「2019年全国家計構造調査」より作成。

給料、○ホームヘルパー・ハウスキーパー・ベビーシッターへの料金、○ハウスクリーニング、○庭の掃除代　庭の草取り賃」である。なお、住み込みの家事使用人については、家計調査の用語の説明（総務省統計局 2022b）によれば、「世帯主とその家族のほかに、家計を共にしている同居人、家族

同様にしている親戚の子供、住み込みの家事使用人、営業上の使用人なども世帯員とみなしている」ので、家事代行料の支払いには、同居の家事使用人への支払いは含まれていない。

　表2-5のとおり、年間収入五分位階級別にみると、第Ｖ分位でもっとも支出額が高いものの、第Ⅱ分位が3番目に支出額が高く、収入だけでなく、年齢による影響も考えられる。世帯主の年齢階級別に支出額をみると、80代でもっとも高く、次が40代であるが、70代は3番目に高い。70代、80代はホームヘルパーの利用が高まる年齢層であり、介護保険以外でのホームヘルパーの利用が支出額を高めている可能性もある。30代の家事・育児の負担が大きい子育て世代における家事代行の利用は少額にとどまっており、外部サービスの利用が低いことがうかがわれる。共働きでようやく経済生活が成り立っている世帯の場合、家事代行サービスを利用する経済的な条件は乏しいだろう。仮に、先の東京都の通いの「家政婦給料」1万1,200円に800円の交通費をプラスすれば、2014年段階で20日間依頼した場合は24万円に近い支出となる。

　一方、「令和4年賃金構造基本統計調査」（厚生労働省 2023a）によれば、2022年女性の平均賃金は、25〜29歳で24万1,000円、30〜34歳で25万4,000円、35〜39歳で26万8,000円、40〜44歳で27万6,000円である。両者を比較すれば、家事代行を日常的に利用した場合の利用料は、多くの世帯で女性の収入に近い支出となることが知られよう。

　介護サービスの利用については、先述したとおり、介護保険でのサービス利用の自己負担分は利用料の1割ないし3割であり、低額に抑えられている。したがって、収入面の制約をそれほど顧慮することなく、主に必要に応じて支出していると考えられる。家計調査では、その他の支出に分類され、その例示によれば、「原則として，介護認定者が公的介護保険サービスを享受したときに支払う利用料（自己負担分）。○在宅サービス（ホームヘルプサービス　介護器具レンタル）、○通所サービス（デイサービス）、○施設サービス（介護老人福祉施設　介護老人保健施設）」で、世帯外でのサービスも含めた数値となっている。支出額を世帯主の年齢階級別にみると、80

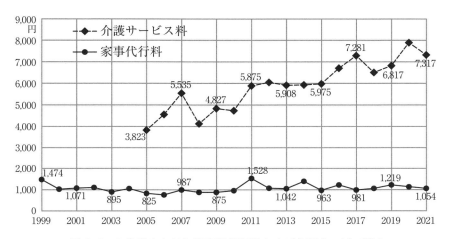

図 2-3　1 世帯あたり年間家事代行料および介護サービス料の
年次推移（二人以上の世帯）

注1）介護サービス料には、通所、施設サービス利用料も含まれるので、世帯内でのサービス
　　のみでなく、世帯外のサービスも含まれている。
注2）2021年の年間100世帯あたりの購入頻度は家事代行が5、介護サービスが89である。
　　　　　出所：総務省統計局（2022b）「家計調査　家計収支編　年次2021年」より作成。

代以上でもっとも高く、次が 70 代であり、必要度の高い世代である。以上
に述べた事情のため、介護サービスについては、家事代行サービスの 6 倍以
上の利用料の支出がある（表 2-5）。

　図 2-3 は、一世帯あたりの年間の家事代行料および介護サービス料の年次
推移である（総務省統計局 2022b）。家事代行料は、ほぼ 1,000 円前後で推
移しており、大きな増減はみられない。介護サービスについては右肩上がり
のグラフになっており、サービスの利用が増加傾向にあることを確認でき
る。なお、数字上新型コロナ感染症拡大の利用への影響は、数字のうえでは
読み取れない。

## 3. 家事代行サービス利用の状況と利用希望

　内閣府の委託調査『令和元年度家事等と仕事のバランスに関する調査報告
書』（内閣府男女共同参画局 2020b：62）から外部サービスの利用割合を確

表2-6　外部サービスの利用

| 利用状況 | 回答者数と% |
|---|---|
| 家事代行サービスについての回答者総数[1] | 8,151人 |
| 　現在利用している | 1.6% |
| 　過去に利用したことがある（現在は利用していない） | 4.3% |
| 　サービスは知っているが利用したことがない | 79.2% |
| 　サービスを知らなかった | 14.9% |
| ベビーシッター、ファミリーサポートセンターなど育児支援利用状況の回答者総数[2] | 783人 |
| 　利用している | 3.6% |
| 　利用していない | 96.4% |

注1）　調査はインターネットモニターに対するアンケート調査。調査対象は国内在住のインターネットモニター（20歳以上70歳未満）およびその配偶者で、調査期間は2019年12月23～26日。回収数は8,151件（配偶者分を含めると全体で1万3,637人）。
注2）　回答は同居する小学校1～3年生の子どもを対象とした育児支援の利用状況。

出所：内閣府男女共同参画局（2020b）より作成。

認すると、表2-6のとおり、家事代行サービスについては「現在利用している」、「過去に利用したことがある」を合わせても利用者は5.9％にすぎない。ベビーシッターなどの育児支援についても「利用している」は3.6％にすぎず、家事代行やベビーシッターなどのサービスの利用は低い割合にとどまっている。

　さらに、2022年に中小企業基盤整備機構の行った調査（中小企業基盤整備機構、2022）でも、表2-7のとおり、1,000人中現在家事代行サービスを利用している人は16人、かつて利用したことがある人が38人にすぎない。この54人のうちベビーシッターを利用している・したことがある人は10人で、掃除関連のサービスを利用している・したことがある人が34人という結果である。なお、今後の利用希望については、表2-8のとおり、「ぜひ利用したい」人が1,000人中32人、「どちらかといえば利用したい」人が134人であり、利用を考えている人は6人に1人となっている。同調査の自由回答欄によれば、利用しない理由として「自分でできる」「必要性を感じない」「高額なイメージがある」「他人を家に入れたくない」などである。

表 2-7　家事代行サービスの利用状況
($N$ =1000)

| | 人数（人） |
|---|---|
| ほぼ毎日利用 | 4 |
| 週に2，3日程度利用 | 0 |
| 週に1日程度利用 | 4 |
| 月に2，3日程度利用 | 2 |
| 月に1日未満の利用頻度 | 6 |
| かつて利用したことがある | 38 |
| まだ一度も利用したことがない | 946 |

表 2-8　家事代行利用の今後の意向
($N$ =1000)

| 今後の利用の意向 | 人数（人） |
|---|---|
| ぜひ利用したい | 32 |
| どちらかといえば利用したい | 134 |
| どちらともいえない | 295 |
| あまり利用したくない | 158 |
| まったく利用したくない | 381 |

注1）調査期間は2022年6月24〜27日で、国内在住の20代〜60代までの男女1,000人へのインターネットによるアンケート調査。
注2）利用分野ごとの利用者数（利用している、したことがある人）については、「ベビーシッターや子どもの送り迎えなどの育児関連」10人、「室内の掃除や食器洗いなどの清掃関連」34人、「衣類の洗濯やアイロンがけなどの洗濯関連」4人、「日用品や食料品などの買い出し関連」4人、「料理の作り置きなどの調理関連」9人、「ペットの世話関連」4人、「その他」6人である。

出所：表2-7、2-8とも中小企業基盤整備機構（2022）より作成。

　家事労働の社会化については、先の第2節にみるように、住居の外部で生産された機械器具や調理食品などの利用は進んでいる。しかし、必ずしも能率を上げるわけではなく、質の上昇が伴わない場合には、利用が進まない。さらにサービスも住居の外での保育サービスの利用は進んでいる一方、家事代行などの住居内でのサービスの利用は広がっていない。こうした傾向から、今後も住居外で生産される商品・サービスを利用しながら、世帯内では家族のメンバーによって家事が遂行されていることが予想される。しかし、近年は「家事代行マッチングサイト」を使った代行サービスも広がっており、サービスの授受の形態が多様になりつつある。さらに、育児サービスなども、経済的な負担を軽減できる仕組みができれば、利用が高まる可能性も考えられる。

## 第4節　家事労働者への関心

### 1．ILOの家事労働者の人権への関心

　現在、家事労働者の人権が、国際的な関心事になってきている。第1章でも紹介したとおり、ILOでは、2011年6月に家事労働者条約（第189号）を採択した。条約では、「家事労働者」とは、雇用関係の下において家事労働に従事する者をいうとし（第1条）、「家事労働者は他の労働者と同じ基本的な労働者の権利を有するべきとして、安全で健康的な作業環境の権利、一般の労働者と等しい労働時間、最低でも連続24時間の週休、現物払いの制限、雇用条件に関する情報の明示、結社の自由や団体交渉権といった就労に係わる基本的な権利及び原則の尊重・促進・実現などを規定」した（ILO駐日事務所 2013）。

　「有償家事労働」が国際的課題として注目されるようになったのは、2000年代中頃からILOを舞台として家事労働者のための国際労働基準を定めようとする動きが出てきたからであるとされ、その要因の一つとして、1980年代以降、移住家事労働者が世界的に増大したことが挙げられている（伊藤るり 2020：5-6）。ILOの2016年の報告（Tahah 2016：25）によれば、2015年において世界全体の家事労働者は6,710万人で、そのうちの1,150万人が国際移民労働者（international migrants）であり、さらにそのうちのおよそ850万人（73.4％）が女性である。また、2021年のILOの報告書（2021：17）によれば、世界の家事労働者数は7,560万人であるが、その81.2％にあたる6,140万人がインフォーマルの労働者であり、労働者としての権利や保護を享受できる労働者はわずかであることが指摘されている。さらに、そのうちの4,580万人が女性の家事労働者である。多くの移民女性が権利と保護が整わない状態で家事労働者として働いている事情が示されている。

表2-9　日本における家事労働者の主な雇用・労働形態（定松（2020）による分類）

| 直接雇用 | 紹介型 | 労働者供給事業型 | 派遣型 | 請負型 | 事業所雇用型 | 自営業(個人事業主) |
|---|---|---|---|---|---|---|
| 利用者が雇用主となり、家事労働者を直接雇用する。 | 家事労働者が紹介所に登録し、紹介所が利用者に家事労働者を紹介する。利用者が雇用主となり、家事労働者を雇用する。 | 供給元と供給先（利用者）の供給契約に基づいて、労働者は他人の指揮命令を受けて労働に従事する。 | 家事労働者が雇用・労働契約を派遣元と結び、派遣元と労働者派遣契約を結んだ派遣先（利用者）から指揮命令を受けて働く。 | 家事労働者が雇用・労働契約を請負元事業主と結び、請負元事業主と業務請負契約を結んだ利用者のもとで、請負元の指揮命令を受けて働く。 | 家事労働者が事業主に直接雇用され、利用者の居宅でのサービス提供あるいは一時的に利用者を預かりサービスを提供。 | 法人を設立せず、税務署に「開業届」を提出し、個人で事業を営むことで、家事労働の業務を行う。 |

出所　定松（2020）より抜粋。

## 2. 日本における家事労働者の権利の問題

　日本における家事労働者の雇用や労働形態については、定松（2020：46-7）が、雇用・労働契約、賃金支払い元、仲介手数料、業務の指揮命令によって、7つの形態に分類している。定松の分類の一部を紹介すると、表2-9のとおりである。

　表のとおり、雇用・労働形態は、「直接雇用」、「紹介型」、「労働者供給事業型」、「派遣型」、「請負型」、「事業所雇用型」、そして「自営業（個人事業主）」に分類される。このように多様な形態での働き方であり、家事労働者の法的な権利は雇われかたにより大きく異なっている。労働基準法第116条2項においては、「この法律は、同居の親族のみを使用する事業及び家事使用人については、適用しない」と、家事使用人は労働基準法の規定を適用しないとされている。労働基準法第9条で「労働者」とは、「事業又は事務所に使用される者で、賃金を支払われる者」とされている。したがって、事業所に雇用されていない、もしくは事業所を通さずに依頼者と直接契約した場合は、労働基準法の適用外の労働となる。なお、旧労働省が1988年に示した労働基準法の解釈では、「個人の家庭における家事を事業として請け負う者に雇われて、その指揮命令の下に当該家事を行う者は家事使用人に該当し

ない」（労働省 1988：24）とされ、以降この解釈が適用されており、事業または事務所に使用されている者は「労働者」とみなされ、労働基準法が適用される。

　家事労働者の扱いに関連して注目された裁判として、家事代行女性の労災認定をめぐる裁判がある。2022 年 9 月 29 日に東京地裁で家事代行女性の労災認定についての判決が下された。その女性は、寝たきり高齢者宅で 24 時間拘束され、介護と家事で 1 週間働いた後に急死した。1 日 19 時間の業務中，裁判で労働時間と認められたのは、訪問介護・家事代行サービス会社に雇われ派遣されて担った介護業務の 4 時間 30 分のみであった。家事時間は、会社ではなく高齢者宅の家族と直接契約になっていたために労働時間には算入されず、過重業務をしていたとは認められないとして、労災として認められなかった（『東京新聞』2022.9.29）。これを不服とする原告側の遺族が東京高等裁判所に控訴し、2023 年 11 月現在、東京高裁での裁判のゆくえが注目されているところである。

　2023 年に行われた「家事使用人に係る実態把握のためのアンケート調査」（厚生労働省 2023b）によれば、個人家庭と契約して働く家事使用人の 63%が「あらかじめ決められた休憩時間と勤務時間の違いが明確か」の問いに「いいえ」と回答しており、待遇などの検討が求められる。

　日本は、現在も ILO の家事労働者条約を批准しておらず、家事労働者の権利と保護についての検討が求められる。

## 第5節　家事労働の社会化に伴う家政管理労働の増加

　家事労働の社会化については、第 1 節の表 2-1 に示したように物資やサービスという形で社会化が進行している。その利用については、住居の外部で生産された物資やサービスの利用は広がっているが、住居内でのサービスの利用は広がっていない。家事代行などのサービスの利用料の負担とともに、提供者の選定、提供者との日程調整、費用の見積りなど、サービスを受けるための家政管理的な労働が必要となる。家事代行サービスは、それを利用す

ることにより、家族内で行うよりもメリットが大きければ利用するが、メリットが大きくない場合には利用しないだろう。また、家事労働の社会化を可能とする物資についても、例えば、衣類乾燥機の場合、所有していても使用しない世帯の使用しない理由として、光熱費がかかる、乾燥に時間がかかる、洗濯物がしわになりやすい、などの理由が挙げられている。このように、利用により、むしろ家事労働の質についての不満や使用に伴う費用の高さ、さらに時間短縮にならないなどの理由で、物資の利用に消極的になる場合もある。

　外部の物資やサービスを利用するか否かの意思決定の際には、利用することで質に満足できるか、費用は適当か、時間は短縮できるか、利用によって精神面や管理面での負担が増えないかなどを検討し、総合的にメリットが大きければ利用することになる。

　このように、利用にあたっては、利用する側はその物資やサービスの内容を吟味するとともに、提供側との十分な情報共有を行うことが必要になっているから、現在の家事労働の社会化は、作業面での負担を軽減する家事労働の社会化であり、家政管理的な労働はむしろ増大している。情報の収集については、物資やサービスの質とともに、物資の利用による健康被害、機械器具の不具合による身体や財産におよぶ被害、物資やサービスの購入の契約に関わる被害など、消費者被害に対する情報の収集も必要である。一方、家庭生活支援サービス職業従事者や訪問介護従事者にサービスの提供を依頼する場合は、提供者が誰とどのような雇用契約を結んでいるかなど、提供者についての情報を確認するとともに、適正な労働環境を保障することも求められる。

　さらに、物資やサービスの利用には、費用の負担が伴う。したがって、家計管理も一層重要な家政管理労働となっている。とくに、子育て・子どもの教育、介護など長期にわたるサービスの利用が予想される場合には、長期の経済計画が必要となり、家事労働の枠にとどまらず、生活経営の重要な活動となる。

　先に述べたとおり、家事労働の社会化については、収入の範囲で購入可能

な住居の外部で生産された機械器具や調理食品などの利用は進んでいる。さらに、サービスも住居の外での保育サービスの利用は進んでいる一方、家事代行などの住居内でのサービスの利用は広がっていない。こうした傾向から、今後も住居外で生産される商品・サービスを利用しながら、世帯内では家族のメンバーによって家事が遂行されることが予想される。もちろん、家事代行サービスなども、経済的な負担を軽減できる仕組みができれば、利用が高まる可能性も考えられる。

第**3**章

家事労働の担い手としての男性

## 第1節　男性にも家事役割を求める動き

### 1．国際的な動き

　第1章で紹介したコーワン（1983=2010：62）の指摘のとおり、家のなかの手仕事として行われていた男性の仕事は工業化のなかで社会化された一方、伝統的に女性に割り当てられていた料理・洗濯・育児の多くが家庭に残されたから、工業化が進行しても相変わらず，多くの女性は家事に従事し続けた。また、実際には家事を担う男性がいても、そうした家事は男性の役割ではないとみなされた。この女性に割り当てられていた料理・洗濯・育児を、男性も担うことが望ましいと日本で考えられたのは、いつ頃からだろうか。さまざまな論者の理解を総合すると、1960年代に活発化した国際的な女性解放運動と、その動きのなかで行われた1975年の国際女性年（当時の日本の表記は「国際婦人年」）の取り組み、そして1979年に採択された女子差別撤廃条約のなかに、男女の伝統的役割を変更し男性にも家事役割を求める内容が盛り込まれたことが、その後の条約や国内法などに大きな影響をおよぼした。

　まず、庄司（1982：165）は、家事労働についての新しい視点を次のように紹介している。1970年前後に活発化した欧米の女性解放運動が、家事労働は，女性の担うべき仕事ではなく、男女両性が担うべき仕事であるという新しい視点を導き出し、そうした動きが、1975年の国際婦人年を中心として国連が提起した「メキシコ宣言」や1979年に採択された女子差別撤廃条約のなかに集約されているとしている。

　伊藤セツ（1981：225）は家事労働をめぐる情勢として、次の動きを紹介している。1975年の国際婦人年における「世界行動計画」では、家事労働の問題が、初めて男女の役割分担の固定化の見直しという問題と結びつけられたとしている。伊藤は「世界行動計画」の前文の「……家族と一般社会の中でそれぞれの性に伝統的に割り当てられた機能と役割を再評価することが

どうしても必要である。婦人だけでなく、男性の伝統的役割を変える必要が
あることが認められなければならない」と述べられた部分を紹介している
（原文では、The necessity of a change in traditional role of men as well as
of women must be recognized.（United Nations 1995：179））。そして、伊
藤は、1979 年末に国連で採択された女子差別撤廃条約では、さらに男女の
完全な平等の達成と男性の伝統的役割の変革の必要性との関連が強く前面に
押し出されたとしている。条約の該当部分を確認すると、「社会及び家庭に
おける男子の伝統的役割を女子の役割とともに変更することが男女の完全な
平等の達成に必要であることを認識し」と、記されている（前文第 14 パラ
グラフ）。

　国連公使として条約成立に関わり、女子差別撤廃委員会の委員でもあった
赤松（1992：5）は、1975 年の「世界行動計画」の意義を次のように述べて
いる。赤松は、1950 年から 60 年代にかけて、先進工業国の労働市場では女
性労働者の増加が進み、同時に有配偶女性の家庭外労働も当然と受け入れら
れるようになり、アメリカで発生したフェミニスト・ムーブメントが世界的
規模で進展するなかで 1975 年に国際婦人年を迎えた。国際婦人年で採択さ
れた「世界行動計画」では、「家庭内で伝統的に夫婦のそれぞれに割り当て
られてきた役割を状況の変化に応じ、たえず再検討、再評価すること（第
126 パラグラフ）」が必要であると記されたとしている。赤松は、女性への
差別の撤廃については、国連は、すでに 1967 年には女子差別撤廃宣言を採
択しており、1979 年の女子差別撤廃条約はその延長線上にあるともいえる
が、この 12 年の間に起きた女性を取り巻く社会の変化と、それに伴って生
じた理念の発展が顕著であるとしている。

　1967 年の宣言と 1979 年の条約との最大の相違点については、国際女性の
地位協会の山下（1992：9）が次のように述べている。男女の役割について、
1967 年の宣言の段階では「家族、とくに子の養育における婦人の役割に留
意し」（宣言前文第 6 パラグラフ）と、育児は女性の役割であることが当然
視されていたが、1979 年の条約では、社会参加も家庭責任も男女が共に担
うことにしたとしている。宣言の対照とされる条約の条文（第 5 条 b 号）を

確認すると、「家庭についての教育に、社会的機能としての母性についての適正な理解並びに子の養育及び発育における男女の共同責任についての認識を含めることを確保すること」と述べられている。

さらに、赤松は、1975 年の行動計画の思潮が、1975 年の ILO 総会の勧告と共通のものであり、女子差別撤廃条約のなかに明示され、1981 年に ILO で採択された家族的責任を有する男女労働者の機会及び待遇の均等に関する条約（第 156 号条約）に受け継がれているとしている。この第 156 号条約は、家族的責任を有する者が、職業上の責任と家族的責任とを両立できるようにすることを目的とした条約で、男女労働者に適用するものであり、日本は 1995 年に批准している。1965 年の家庭責任をもつ婦人の雇用に関する勧告（第 123 号）は、女性のみを対象としていたが、第 156 号条約では男性も対象とした。家族的責任を男性にも広げて保障するという国際的な動きは、日本でも育児・介護休業法（1992 年に育児休業法として施行、1995 年に介護も含めた法律に改正）に示された。同法の第 1 条（目的）では、「子の養育又は家族の介護を行う労働者等の雇用の継続及び再就職の促進を図り」と、男女とも法律の対象としていることが示されている。さらに「これらの者の職業生活と家庭生活との両立に寄与することを通じて」、男女労働者の福祉の増進を図ることを規定している。

女性の地位向上に戦前から携ってきた社会運動家の市川（市川・竹内1976：53）は、国際女性年の翌年にその意義を次のように述べている。「婦人が自分の自由にいろんな方面で活動したい、活動する。だから男はもう少し家庭に帰ってきて、女はもう少し家庭から外に出る。この考え方は日本ばかりでなくて、メキシコにおける国際婦人年の世界会議も……第 60 回 ILO 総会」でも示されたことであった、としている。市川はさらに続けて、女性も働き続けられる条件づくりを政府や社会に要求して働くのを辞めないでほしいと述べるとともに、勤務時間がもっと短くなって男性も早く家庭に帰ってこられるようにする、そうすれば男性も家庭で子どもと接触できる、婦人の解放は男性の解放にもつながる、婦人問題は男女問題といったほうが良いかもしれないといった内容の意見を述べており、国際的な動きは日本の社会

運動の方向にも影響を与えたといえる。

　このように、1979 年に採択された女子差別撤廃条約のなかに、男女の伝統的役割を変更し男性にも家事役割を求める内容が盛り込まれ、家事労働が女性のみの問題ではなく、男性の問題でもあることが国際的な文書に明示された。

## 2.　生活経営学・家族社会学の研究における議論

　男性の家事分担を求める議論は、女子差別撤廃条約の採択につながる女性解放運動だけではなく、研究領域においても確認できる。同条約が採択される前の段階から，すでに家政学における生活経営学、そして家族社会学の研究分野にはそうした主張が認められる。

### （1）生活経営学における研究

　生活経営学（家庭経営学）における研究では、生活時間研究の先駆的な研究者である稲葉（1955）が、男性の家事分担の必要性を 1955 年の論文で言及している。1953 年の共働き夫婦の生活時間調査の結果では、平日の妻の家事労働時間が 3 時間 12 分に対し夫は 30 分で、休日では妻が 7 時間 47 分に対し夫は 1 時間 39 分と、家事労働時間に大きな差があることを示した。そして、妻の家事労働時間の負担が他の生活時間を圧迫していること等を指摘し、家事労働時間の合理的編成のために、「夫並びに家族の協力、生活の共同化、社会化等」が考えられるとした（1954：64-8）。稲葉は、その後も 1956 年から 1971 年まで 4 回にわたって共働きと非共働き家庭の夫妻の生活時間調査を行い、その研究成果は稲葉の研究を受け継いだ桑田らによって、生活時間の推移としてまとめられている（1977）。桑田らは 1975 年の桑田ら自身の調査結果とともに、1956 年からの 20 年間の生活時間の推移を示し、この 20 年間に夫の家事労働時間の絶対量も、推移についてもみるべき変化がなかったとした。そして、稲葉が提起した夫の協力などによる妻の家事的生活時間の量的縮小、それによる生活時間の改善は起こらなかったとしている（1977：428）。

　また、家事労働の能率化についての研究で、大森（1966：180-1）は、能率化の個人的方法の一つとして、次のように家族の家事の手分けを提案している。「家庭は家族全体のものである。家族が各自の身のまわりのことはめいめい自分でし、家族全部のための仕事は手分けをし、また協力してすれば、家事労働は能率化する」としている。さらに能率化の社会的方法として、家事労働の社会化、共同化にも言及している。

　伊藤セツ（1974：47）は、女性労働者の家事・育児に関する要求についての研究で、1973年の日本母親大会における家庭内労働についての要求事項を分析し、要求を4項目にまとめている。第1に、保育所要求、第2に、生活時間の確保・休暇要求、第3に、高齢者・障害者に関わる労働の社会化、そして第4に、育児、家事を夫婦・家族で分担して民主的な家庭を作る、という要求である。女性労働者の生活要求を研究に反映させた例である。

　こうした諸研究の成果も引き継ぎながら、天野（1978：175）は、女性への家事・育児の集中の要因とともに解決策を論じている。まず、男性労働者に対する労働観が、家庭生活における分担を前提にしない資本側の論理で固定し、この既成の労働観により、結婚・出産後も就業継続を希望する女性労働者の職業と家庭の両立を困難にしていること、性別役割分業観の残存などにより、家庭の民主化にブレーキがかかっていることを指摘する。そして、家事労働の改善の方向として、家庭内における家事協力をすすめること、家事労働の互助共同化、職場における労働条件の改善、さらに、公共的施設・サービス・生活環境の改善などを取り上げている。

　また、日本の生活経営学（家庭経営学）において長く参考にされてきたアメリカ家政学の著作であるニッケルとドーゼイの『四訂 家庭生活の管理』（1967＝1969：19）にも、男性の家事に言及している内容が確認できる。同書では、家庭管理における基本的概念の整理の一つである家族員の役割について、「母親だけが依然として負っているおそらく唯一の家庭責任は出産である」という見解を示し、性別による家庭の仕事の区別が変化しており、伝統的に母親によってなされてきた家庭責任の一部を負ったり分担したりする父親が多くなっていることを指摘している。もっとも、著者らはParkerの

調査結果をもとに、実態としては、性による家庭の仕事の区分が残っている
ことも指摘している。

　Parker（1966：373-5）は、1950 年代後半から 60 年代の研究の動向を確
認し、先行研究において、伝統的な家族よりも平等主義的、友愛的な家族に
向かう傾向を取り上げている。しかし、1966 年の実態調査結果の報告にお
いては、依然として男女ともに従来の伝統的な家事役割を遂行しており、炊
事、掃除は主に妻が担い、電気関係の修理や鉛管（水道管）の修理は夫が主
に担うという結果が示されている。Parker は、女性の多くが家庭外の労働
に雇用されているにもかかわらず、伝統的な性別役割が広く行きわたってい
ることが実態調査でも示されたとしている。一般には責任分担は、従来の性
役割にしたがっているという実態を示しつつ、平等で友愛的なタイプの家族
に向かう兆候もみられることにも言及している。

## （2）家族社会学における研究

　家族社会学における男性の家事分担に関する研究は、主に、家族の役割関
係の研究で確認できる。夫婦の役割や勢力についての先駆的な研究である
Blood and Wolfe（1960：47-74）の 1955 ～ 1959 年に行われた調査研究報告
には、当時のアメリカの工業都市であるデトロイトにおける夫婦の分担が詳
細に記されている。夫婦の家事分担についての結果をみると、家屋の修理に
ついては「夫が常に担当している」という回答が 73％、芝刈りでは 66％、
除雪では 61％を占めている。一方、朝食の準備では「妻が常に担当してい
る」という回答が 66％、リビングの整頓では 65％、皿洗いでは 70％を占め
ている。そして、Blood and Wolfe は、それぞれの家事には要求される能力
があるものの、もっとも要求される資源は時間であるとする。通常はもっと
も時間のある者は妻であるが、もし、妻が働いている場合は、夫も妻の領域
とされる家事を手伝う道徳的な義務を負う。そして、変化している社会環境
のもとで、伝統的なパターンに執着する場合は非難され、現代の役割分業を
支配する基準は公平（equity）であるとする。公平な分業は、家族の各メン
バーが共通の仕事に貢献できる時間、エネルギー、そしてスキルという資源

に依存しているとし、Blood and Wolfe は、妻の就業による家事分担については「公平」という視点を提起している。

　北欧のスウェーデンの研究者である Dahlström（1962=1967：197-8）は、性役割研究において、女性の有償労働が家族の調和にもたらす影響として1960 年頃の社会における 2 つの見解を述べている。見解の一つは、子どものいる家族において妻の有償労働はさまざまな問題や役割葛藤を引き起こす。一定以上の収入のある夫は、妻の雇用によって夫が家事に参加する必要性が高まってしまうから、妻が家にいることを好むという否定的な見解である。もう一方の見解は、妻の有償労働の夫婦に与える積極的な効果を指摘している。妻の雇用はより大きな平等につながる、稼得と家事の負担を分かち合い、それに伴う共通の利益の増加がもたらされるという見解である。そして、今日、多くの男性と女性が家庭のなかでの伝統的な役割分担を受け入れようとしているときに、稼得役割と家事の負担を夫婦で分かち合うという新しいパターンを生み出そうとする試みは、調整の問題につながるに違いない。しかし、将来、このパターンが確立したときは、既婚女性の有償労働は、異なる影響をもたらすとし、稼得役割と家事の負担を夫婦で分かち合う社会を予見している。

　ここに紹介した欧米の研究は、日本でも参照されてきた。上子（1972：80）は、Blood and Wolfe や Dahlström をはじめ、1960 年代を中心に家族社会学の国内外における夫婦の役割関係に関する研究をもとに、夫婦の伝統的な性別役割への反証を検討し、女性が職業的社会的活動に男性と対等に参加することと家庭生活の両立について、次のように述べている。「職場と家庭の二重負担が婦人の職業的社会的地位を低くしている事実、夫も妻も手段的、表出的役割双方を果たすのが家庭生活の成功につながると考えられる点、将来における労働時間の短縮、したがって在宅時間の増大、とりわけ労働負担を公平にする必要、自己実現の機会を均等にする必要などを考えあわせるならば、出産の役割以外は、職場においても家庭においても性別役割を解消する方向が遠い目標としては妥当であるように思われる。」として、男性が家族的役割を担うことに言及している。

　さらに、家族社会学における共働き研究の先駆者の一人である布施（1974：177-8）は、共働きは何も目新しい現象ではなく、原始共同体の段階から、男女は性別分業に基づく共働きによってその生活の営みを続けてきたとする。妻は、家事・育児とともに農作業やその他の家業に従事するのがごく一般的な形であった。共働きが注目されるようになったのは、夫とともに妻も賃労働者化したからであるとする。賃労働者としての夫と妻の共働きは、両者が家族を離れて社会的生産に従事し、それぞれ独立した賃金を得るという点で、従来の共働きとは区別されるとする。

　そして、布施（同：205）は、内外の共働き研究を整理しながら、共働きの妻が家事・育児に加えて生計維持の役割を果たそうとすることから生じる矛盾の克服を検討する。一つは、共働き家族が抱える日々の矛盾を克服する過程において、「育児という家族の基本的な機能の一部の社会への移行」である。また、社会施設への移行が難しい家事・育児の領域の家庭内での民主的な役割分担の第一歩として「夫や子ども等の家事への参与」を提案している。そして、「こうした共働き家族において、家父長家族はもちろん、性別分業に基づく役割分担を基底にもった近代家族の枠組をも超えた、あたらしい家族関係の模索がなされることに注目したい」としている。さらに、布施（1977：197）は、共働き夫婦の葛藤の解決の方向として、男性の家事分担、保育所・学童保育施設等の諸社会施設の拡充とともに、労働時間の短縮、特別休暇制度の確立、母体保護の完全実施、差別賃金の撤廃といった労働条件の改善を示している。

　このように、生活経営学研究や家族社会学研究においては、すでに1950年代から男性が家事役割を担い、稼得役割と家事役割を夫婦で分かち合う方向を目指す研究が展開されていることが確認できる。

## 3.　1970年代以降の男性たちの動き

　妻と家事・育児を分担する男性たちの動きについては、1970年代以降の著作で確認できる。雇用労働者として働く女性の増加が、男性の家事・育児分担を促す方向に働いていることがうかがわれる。

　例えば、女性解放運動が高まりをみせていた1975年にアメリカで刊行され、ベストセラーになったマグレディ（1975=1983）の著作は、彼の主夫体験を綴ったもので、日本でも話題になった。妻と稼得役割と家事役割を1年間交換した後に、妻に役割を元に戻すことを提案したところ、妻は仕事を継続し、交換状態の継続を主張する。結局、夫婦ともに仕事に従事し、家庭を維持するための責任を公正かつ平等に分かち合うこととし、家族で分担の取り決めを行うというものであった。

　日本でも、1980年には、仕事も家事・育児も男女平等で分け合うライフスタイルを目指した「男も女も育児時間を！連絡会」（以下、育時連）が発足した。その立ち上げメンバーの一人、ますの（1989：9-10）は、1977年には「男の子育てを考える会」の結成にも加わっており、男女平等を主張して自らが育児に関わる権利を求めて活動を始めた。ますのは、「もし本当に男女平等を実現するのなら、仕事も家事・育児も、男と女で『半分こ』するというのが基本だ」とし、8時間労働を半分っこするのは時間がかかりそうだというなら、「せめて男も女も育児時間を！という切実なテーマから労働時間短縮にアプローチしましょうよ」というのが、育時連の出発点だとしている。ますのは、これまでの男たちの仕事は、その陰に当然のように、家事・育児いっさいを引き受ける妻のいることが前提になっている、その男性の仕事ぶりを基準にして、それに女性を合わせることを「平等」と呼ぶことは眉唾物としている。

　1981年には、「福岡・女性と職業研究会」が、日常的に責任をもって家事・育児を分担しているという33名の男性に対し調査を行い、分担のきっかけを3パターンにまとめている（永山・大藪 1982）。第1のパターンに含まれるのは18例で、「結婚＝共働きの開始」をきっかけとするもので、「限られた時間の中で家事をこなすには自分がやらなければならないと思う」、「共働きで夫と妻の立場は同じなので（一方だけが家事をするという）不平等はいやだ」など、共働きであれば家事分担は当然と受け止めている。また、18例のうち、11例は学生生活などで女性解放思想に触れたことも要因であった。

　第2のパターンは11例で、「妻の出産」がきっかけである。そのうち7例は、出産後の家事の量が増えてやむを得ずやるようになったもので、「妻とは外で働くことを条件で結婚した」、「家事の分担は妻に厳しく迫られてやるようになった」など、妻からの働きかけが大きい。そのほかの4例は、出産をきっかけに「分担は当然」という考え方に立って家事を行っている例で、夕方から夜にかけて仕事が多い夫が、「自分の時間を調整して（妻と）半分ずつ分担している」と時間をやりくりして分担していた。

　第3のパターンは4例で、結婚や出産が直接の契機になるのではなく、それ以前の生活のなかで生活者としての自立能力が定着している例である。この例では「家事は生きていくために必要な仕事なので、自分のことは自分ですべきで、結婚しても同じことだと思っている」と、インタビューへの答えが紹介されている。

　1970年代後半からの男性が家事・育児に積極的に関わる動きが発信されるようになるとともに、男性の働きかたについての問題提起も行われるようになったことが認められる。ジェンダー平等の志向、男女ともに仕事も家事・育児もという意識、さらに自分のことは自分でという他者に依存しない生き方を志向する男性たちの増加とともに、妻側も働き続けることを希望、夫の家事分担を期待するなど、妻側の働きかけも夫の家事分担を促す要因になったことがうかがわれる。

　以上みてきたように、男性にも家事役割を求める動きについては、まず、1979年に採択された女子差別撤廃条約のなかに、男女の伝統的役割を変更し男性にも家事役割を求める内容も盛り込まれたという国際的な動きがあったことが確認できる。そして、家族に関わる研究分野では、すでに1950年代から共働き夫婦における女性の家事負担を軽減する方策として、また、男女の公平な役割分担という視点から、男性の家事役割を求める研究も行われていたこと、さらに、男性が主体になった家事・育児を男女で分け合うことを目指した運動も始まり、男性の働きかたへの問題提起も行われるようになったことが確認できる。

## 第2節　男性が家事役割を担う必要性の高まり

### 1．子どものいる世帯の世帯構造の変化

　第1節で確認したとおり、男性も家族的責任を担うことが世界共通の理念として広がることで、男性の家事・育児分担への期待が高まるとともに、男女平等の実現のために積極的に家事・育児を担う権利を主張する男性たちも現れた。こうした動きの背景には、もちろん先進工業国の労働市場での女性労働者の増加がある（日本での動向については第4章で確認する）。この女性の雇用労働者化とともに、男性が家事・育児を担う必要性を高めた背景に世帯構造の変化も考えられる。家事労働の社会化が進行しても、家事負担はなお個別世帯のなかに残る一方で、家事労働者の利用は進まずに、今後も家族のみで遂行される可能性が高いことは第2章で確認したとおりである。

表 3-1　6歳未満の子どもの親族のいる一般世帯の
家族類型別世帯数：1980 ～ 2020 年

（単位：千世帯・%）

| 世帯の家族類型 | 1980年 | 2000年 | 2020年 |
|---|---|---|---|
| 総　　数（1,000世帯） | 7,543 | 5,356 | 4,224 |
| 総　　数（%） | 100.0 | 100.0 | 100.0 |
| 親族のみの世帯 | 100.0 | 100.0 | 99.6 |
| 　核家族世帯 | 69.6 | 78.6 | 89.3 |
| 　　夫婦と子ども | 67.8 | 74.8 | 84.1 |
| 　　男親と子ども | 0.2 | 0.2 | 0.3 |
| 　　女親と子ども | 1.6 | 3.6 | 5.0 |
| 　核家族以外の世帯 | 30.4 | 21.4 | 10.3 |
| その他の世帯 | 0.0 | 0.0 | 0.4 |

　　注）「親族のみの世帯」は2000年までは「親族世帯」。「核家族世帯」の分類
　　　　には「夫婦のみの世帯」も含まれるが、この表では省略。「核家族以外
　　　　の世帯」は2000年までは「その他の親族世帯」。

原出所：総務省統計局「国勢調査」。
出所：国立社会保障・人口問題研究所（2023）『人口統計資料集』より作成。

　家事労働の担い手が世帯内に複数いることは、女性の就業にとって有利な条件となる。先の第 1 章の表 1-1 では農家世帯の 3 世代の女性たちが炊事、洗濯、裁縫、育児を分担することで生業に従事できていた。現在では 9 割の世帯においてはそうした分担は望めない。表 3-1 の 6 歳未満の子どものいる世帯の家族類型別世帯数で確認すると（国立社会保障・人口問題研究所 2023）、夫婦と子どもの核家族の割合は、1980 年の 67.8％から 2020 年の 84.1％へと増加する一方、祖父母やその他の親族が同居する核家族以外の世帯は、30.4％から 10.3％と減少している。核家族世帯では、妻が世帯内で家事を分担するとしたら、夫以外には分担するメンバーは見当たらない。夫への期待が世帯構造のうえからも高まることになった。

## 2. 世帯の家族類型別にみた夫婦の就業形態

　次に、世帯構造によって妻の就業形態がどの程度異なるのかを確認すると、図 3-1 のとおりである（国立社会保障・人口問題研究所 2017、2023）。

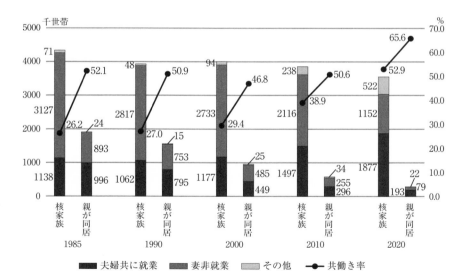

図 3-1　夫婦のいる世帯で、かつ 6 歳未満の子どものいる世帯における夫婦の就業状態

原出所：総務省統計局「国勢調査」。
出所：国立社会保障・人口問題研究所（2017、2023）『人口統計資料集』より作成。

夫婦のいる世帯でかつ6歳未満の子どものいる世帯における夫婦の就業状態を、核家族世帯と親が同居している世帯別にその推移を示した図である。なお、世帯数は雇用者世帯とともに、自営業世帯を含んでいる。

　図3-1では、6歳未満の子どものいる世帯を「夫婦共に就業」、「妻が非就業」、「その他」に分けて積み上げた棒グラフと、総数に占める共働き率を折れ線グラフで示した。「核家族」と「親が同居」の世帯の共働き率を、1985年〜2020年の各年で確認すると、いずれの年も「親が同居」の世帯の共働き率が高い。しかし、「親が同居」の世帯数そのものが減少しているために、2020年では、「親が同居」の共働き世帯数は19万3,000世帯で、「核家族」の共働き世帯187万7,000世帯の約1割にすぎない。世帯内の女性たちの間で家事・育児を分担し合うことは望めなくなっており、世帯構造の面からも夫の分担の必要性が高まっている。

## 第3節　生活時間からみた男性の家事・育児への関わり

### 1.　男性の1日の家事関連時間の推移

　制度的には男性の家事・育児への関わりを促進する方向が目指されているが、実際の男性の家事・育児への関わりはどうだろうか。

　表3-2は、配偶関係や子どもの有無を問わず、育児期の中心的年齢層である30〜39歳にある男女の有業者と女性の無業者の家事関連時間について、国際女性年の翌年の1976年から2021年までの推移を整理したものである（総務省統計局 2017b、2022a）。男性の家事・育児への関わりは、1976年に12分であった家事関連時間が、2021年は63分と5倍に増加しており、変化していることは確認できるが、2021年の女性有業者の212分に比べると、その3分の1にも満たない。家事関連時間の内訳について、現在の区分が適用されるようになった1991年と2021年を比較すると、男性は家事が15分、育児が18分増加しているが、女性は有業者、無業者ともに、家事時間が減少している一方、育児時間が増加しているため、家事関連時間の減少はそれ

表3-2　30～39歳にある男女の1日の家事関連時間の推移（週全体平均）

(分)

| | | 1976 | 1981 | 1986 | 1991 | 1996 | 2001 | 2006 | 2011 | 2016 | 2021 |
|---|---|---|---|---|---|---|---|---|---|---|---|
| 男有業者 | 家事関連合計 | 12 | 13 | 17 | 25 | 27 | 33 | 37 | 41 | 50 | 63 |
| | 家事[1] | 8 | 7 | 5 | 6 | 5 | 6 | 7 | 9 | 12 | 21 |
| | 介護・看護[2] | … | … | … | 1 | 0 | 0 | 0 | 0 | 1 | 0 |
| | 育児 | … | … | 6 | 8 | 9 | 12 | 14 | 16 | 21 | 26 |
| | 買い物 | 4 | 6 | 6 | 10 | 13 | 15 | 16 | 16 | 16 | 16 |
| 女有業者 | 家事関連合計 | 239 | 231 | 246 | 251 | 227 | 205 | 196 | 192 | 206 | 212 |
| | 家事 | 204 | 198 | 189 | 185 | 164 | 138 | 122 | 112 | 106 | 103 |
| | 介護・看護 | … | … | … | 3 | 2 | 4 | 2 | 2 | 4 | 2 |
| | 育児 | … | … | 27 | 32 | 30 | 33 | 41 | 47 | 67 | 79 |
| | 買い物 | 35 | 33 | 30 | 31 | 31 | 30 | 31 | 31 | 29 | 27 |
| 女無業者 | 家事関連合計 | 420 | 436 | 466 | 486 | 463 | 457 | 451 | 445 | 453 | 436 |
| | 家事 | 362 | 376 | 318 | 310 | 287 | 261 | 241 | 233 | 209 | 214 |
| | 介護・看護 | … | … | … | 5 | 4 | 4 | 4 | 5 | 6 | 3 |
| | 育児 | … | … | 99 | 122 | 124 | 145 | 160 | 159 | 196 | 177 |
| | 買い物 | 58 | 60 | 49 | 49 | 48 | 47 | 46 | 48 | 42 | 42 |

注1）1976年および1981年の家事は、「家事・育児」の項目。1976年～1986年は「介護・看護」を含む。
注2）「介護・看護」は1991年調査より行動の種類として区分された。
注3）2021年のデータについては、5歳区分のデータになっているので、伊藤純（2015：76）にしたがって、以下のように算出した。（30～34歳の推計人口×各行動の種類別生活時間＋35～39歳の推計人口×各行動の種類別生活時間）÷（30～34歳の推計人口＋35～39歳の推計人口）。
出所：総務省統計局（2017b、2022a）「社会生活基本調査」より作成。

ぞれ39分、50分にとどまっている。

## 2. 6歳未満の子どもをもつ夫・妻の家事関連時間の推移

　表3-3は、6歳未満の子どもをもつ夫と妻の1日の家事関連時間について、過去25年の推移を示したものである（総務省統計局 2017a、2022a）。育児に多くの時間が必要となるライフステージにおいて、夫がどのように分担しているのかを確認すると、夫の家事関連時間は1996年の38分から2021年には1時間54分へと3倍に増加している。内訳では家事が25分、育児が47分増加し、育児への関わりの増加が大きい。一方、妻は7時間

38 分から 7 時間 28 分へと 10 分短くなっている。妻の場合、家事時間は 4 時間 8 分から 2 時間 58 分へと 1 時間 10 分短くなっているが、育児時間が 2 時間 43 分から 3 時間 54 分に 1 時間 11 分長くなっているために、全体としては 10 分の減少にとどまっている。

表 3-3 は、6 歳未満の子どもをもつすべての夫と妻の数字であるので、共働き世帯と妻が無業の世帯に分けて確認すると、表 3-4 のとおりである（総務省統計局 2007、2022a）。2006 年と 2021 年の比較で、妻の場合、共働き

表 3-3　6 歳未満の子どもをもつ夫・妻の 1 日の家事関連時間の推移
——週全体平均、夫婦と子どもの世帯

(時間.分)

|  | 夫 | | | | | | 妻 | | | | | |
|---|---|---|---|---|---|---|---|---|---|---|---|---|
|  | 1996 | 2001 | 2006 | 2011 | 2016 | 2021 | 1996 | 2001 | 2006 | 2011 | 2016 | 2021 |
| 家事関連時間 | 0.38 | 0.48 | 1.00 | 1.07 | 1.23 | 1.54 | 7.38 | 7.41 | 7.27 | 7.41 | 7.34 | 7.28 |
| 家事 | 0.05 | 0.07 | 0.10 | 0.12 | 0.17 | 0.30 | 4.08 | 3.53 | 3.35 | 3.35 | 3.07 | 2.58 |
| 介護・看護 | 0.01 | 0.01 | 0.01 | 0.00 | 0.01 | 0.01 | 0.03 | 0.03 | 0.03 | 0.03 | 0.06 | 0.03 |
| 育児 | 0.18 | 0.25 | 0.33 | 0.39 | 0.49 | 1.05 | 2.43 | 3.03 | 3.09 | 3.22 | 3.45 | 3.54 |
| 買い物 | 0.14 | 0.15 | 0.16 | 0.16 | 0.16 | 0.18 | 0.44 | 0.42 | 0.40 | 0.41 | 0.36 | 0.33 |

出所：総務省統計局（2017a、2022a）「社会生活基本調査」より作成。

表 3-4　共働き世帯と妻が無業の世帯別、6 歳未満の子どもをもつ夫・妻の 1 日の仕事と家事関連時間——週全体、夫婦と子どもの世帯（2006、2021 年）

(時間.分)

|  | 2006年 | | | | 2021年 | | | |
|---|---|---|---|---|---|---|---|---|
|  | 夫 | | 妻 | | 夫 | | 妻 | |
|  | 共働き | 妻が無業 | 共働き | 妻が無業 | 共働き | 妻が無業 | 共働き | 妻が無業 |
| 仕事 | 7.51 | 7.48 | 3.50 | 0.01 | 7.24 | 7.19 | 3.32 | 0.01 |
| 家事関連 | 0.59 | 0.59 | 5.37 | 8.40 | 1.55 | 1.47 | 6.33 | 9.24 |
| 家事 | 0.14 | 0.07 | 2.53 | 4.02 | 0.34 | 0.20 | 2.37 | 3.44 |
| 介護・看護 | 0.01 | 0.01 | 0.04 | 0.03 | 0.01 | 0.01 | 0.03 | 0.02 |
| 育児 | 0.30 | 0.34 | 2.08 | 3.50 | 1.03 | 1.06 | 3.24 | 4.56 |
| 買い物 | 0.14 | 0.17 | 0.32 | 0.45 | 0.17 | 0.20 | 0.29 | 0.42 |

出所：総務省統計局（2007、2022a）「社会生活基本調査」より作成。

世帯でも妻が無業の世帯でも家事時間が減少し、育児時間が増加している。
夫の場合、1 日の家事時間は共働き世帯が 14 分から 34 分に増加、妻が無業
の世帯も 7 分から 20 分に増加、育児時間はそれぞれ 30 分から 1 時間 3 分
に、34 分から 1 時間 6 分にと、家事時間も育児時間も増加している。共働
き世帯と妻が無業の世帯の夫の家事時間に大きな差はみられず、妻の就業状
況が夫の家事分担に影響を与えていない。また、夫の仕事の時間も、共働き
でも妻が無業の世帯でも仕事の時間に差はみられず、共働きの夫のほうが家
事・育児のために仕事の時間をセーブするということは、調査からは確認で
きない。むしろ、共働きの夫のほうがわずかながら仕事の時間が長い。

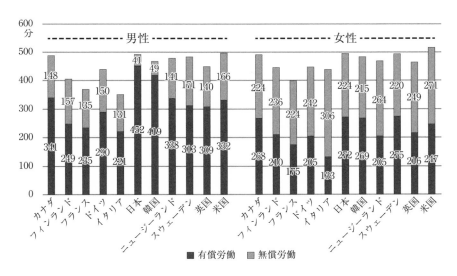

図 3-2　男女別にみた生活時間（週全体平均）（1 日あたり、国際比較）

注1)　「有償労働」は「有償労働（すべての仕事）」、「求職活動」、「授業や講義・学校での活
　　　動等」、「調査・宿題」、「通勤・通学」、「その他の有償労働・学業関連行動」の時間の合
　　　計。「無償労働」は、「日常の家事」、「買い物」、「世帯員のケア」、「育児」、「大人のケ
　　　ア」、「非世帯員のケア」、「ボランティア活動」、「家事関連活動のための移動」、「その他
　　　の無償労働」の時間の合計。
注2)　2009～2019 年に実施された調査のデータで、15～64 歳の男女別のデータである。

出所：OECD（2023）Stat, Time Use より作成。

## 3. 家事関連時間の国際比較

　家事関連時間の国際比較については、OECD（2023）のまとめた国際比較データでみることができる。図 3-2 は「男女別にみた生活時間」の国際比較の図で、有償労働と無償労働の時間を示したものである。OECD では、日常の家事、買い物、ケアの時間は、ボランティアの時間とともに無償労働として示している。有償労働には、仕事、通勤・通学、授業など学業関係の時間が含まれる（図の注参照）。日本では 2022 年に新しい調査結果が公表されており、各国とも最新データではないが、おおよその傾向を知ることができる。日本の男性の 1 日あたりの有償労働時間は 452 分であり、韓国以外の諸国と比べ突出して長い。なお、図には示されていないが、メキシコは 478 分で日本より長いが、OECD の調査方法と異なるので、同一の方法では、日本の男性の有償労働時間がもっとも長い。そして、家事などの無償労働時間は日本の男性の時間が 41 分ともっとも短い。1 日の生活時間には限りがある。有償労働時間が長ければ他の時間が圧迫される。長い有償労働時間の影響は、無償労働時間の短さに表れている。

## 4. 夫の家事・育児頻度

　図 3-3 は、「第 16 回出生動向基本調査」（国立社会保障・人口問題研究所 2022）の第 1 子出生年別にみた、第 1 子が 3 歳になるまでの夫の家事・育児頻度である。夫の家事頻度について、第 1 子出生年が 2005 ～ 2009 年では、家事頻度が「ひんぱんにあった」「日常的にあった」を合わせると 40.9％と 4 割に過ぎなかったが、2015 ～ 2018 年では、48.8％と約 5 割に増加している。育児についても同時期 54.5％から 64.4％に増加し、家事・育児に関わる夫が増加していることが示されている。しかし、現在でも半数の夫が日常的には家事に関わっておらず、3 人に 1 人の夫が日常的には育児に関わっていないということが示されている。

　男性の家事への関わりは増加しているとはいえ、女性の担当に比べると、まだかなり少ないことがわかる。国際的にみても日本の男性の家事への関わ

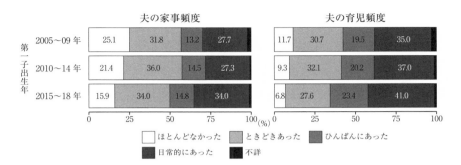

図3-3　第1子出生年別にみた、第1子が3歳になるまでの夫の家事・育児頻度

注）対象は妻が50歳未満で結婚し、妻の調査時年齢55歳未満の初婚同士の夫婦。第1子が3歳
　　以上、15歳未満の夫婦について集計。設問「あなた方ご夫婦のお子さんが3歳になるまで
　　の間について、（中略）あなたの夫の家事・育児頻度はどのくらいでしたか。」
　　　　　出所：国立社会保障・人口問題研究所（2022）「第16回出生動向基本調査」。

りは非常に低いレベルにとどまっている。その要因としては、労働時間の長
さが図3-2より読み取れるが、それ以外の要因も考えられる。夫の家事・育
児分担に影響する要因については、第5章で著者の行った調査結果から検討
したい。

# 第4章

## 女性の雇用労働者化と
## 共働き世帯の増加

## 第1節　女性の雇用労働者化と有配偶女性の就業動向

### 1. 女性の雇用者数の増加

　前章では、雇用者として働く女性の増加が、男性の家事・育児分担を促す方向に働いてきたという社会全体の変化について確認した。それをふまえ、本章では、実際の女性の就業状況の変化とともに、共働き夫婦の増加の動向を検討する。まず、女性の就業者数については、図4-1のとおり、1955年に1,700万人だった就業者数は、2020年には2,968万人に増加している。

　この増加は雇用者の増加によるものであり、雇用者は1955年の531万人から2020年には2,703万人へと増加し、就業者総数に占める雇用者割合も、

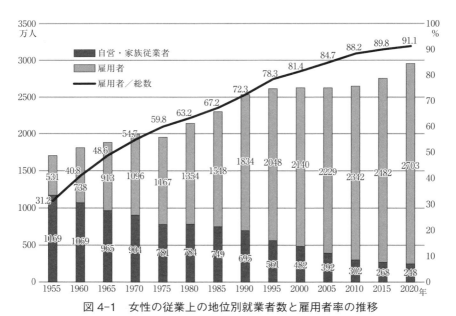

図 4-1　女性の従業上の地位別就業者数と雇用者率の推移

注）1970年までは沖縄県を含めていない。

出所：総務省統計局（2021b）「労働力調査」より作成。

1955 年の 31.2％から 91.1％へと増加している（総務省統計局 2021b）。一方、自営・家族従業者数は、同時期に 1,169 万人から 248 万人に減少し、就業者数に占める割合も 2020 年には 8.4％と 1 割に満たなくなっている。

## 2．女性の年齢階級別労働力率の推移

　就業者の雇用労働者化は、出産・育児期の女性の労働力率の低下とも関わる。図 4-2 は女性の年齢階級別労働力率の推移を示した図で、各年齢を横軸に、労働力率を縦軸にして、各調査年の年齢階級別の労働力率を示した図である（総務省統計局「国勢調査」）。1955 年と 1975 年、2020 年のグラフについては数値を記している。1975 年の 25 ～ 29 歳の女性の労働力率は 43.5％で、1955 年の同年齢層の 51.9％に対し、8.4％も低下している。1955 年のグラフでは、出産・育児期に労働力率が落ち込み、出産・育児期後には再び労働力率が上昇するという M 字型はそれほどはっきりとは出ていない。図 4-1 で確認したとおり、1955 年段階では働く女性の 7 割は農業労働など自営

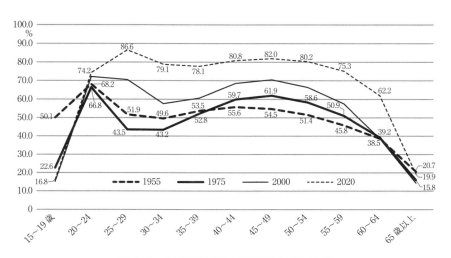

図 4-2　女性の年齢階級別労働力率の推移

出所：総務省統計局「国勢調査」（各年）より作成。ただし、1955年は厚生省人口問題研究所
　　（1990）『人口統計資料集』による。

の労働に従事する女性で、その場合は生活の場での労働であり、出産・育児が就業の中断の理由にはならなかった。しかし、雇用者が6割を占めるようになる1975年のグラフでは、M字型のグラフのM字の谷間が深くなっている。オイルショックによる雇用状況の悪化などの影響もあるものの（大沢 2002：78）、雇用労働者化は生活の場と生産の場の分離を促し、出産・育児期に専業主婦化する傾向がこの時期に顕著になったことが読みとれる。第3節では、こうした変化についての事例を紹介したい。

### 3. 有配偶女性の労働力率の推移

先の図4-2のグラフが、各年の女性全体の年齢別にみた労働力率であるのに対し、図4-3は、配偶関係、年齢階級ごとにみた労働力率の年次推移である（総務省統計局「労働力調査」）。年齢階級は近年のデータで労働力率が落ち込む30〜34歳と、もっとも労働力率の高い45〜49歳層を取り上げた。図4-2でみられた雇用労働者化により、出産・育児期に専業主婦化したとい

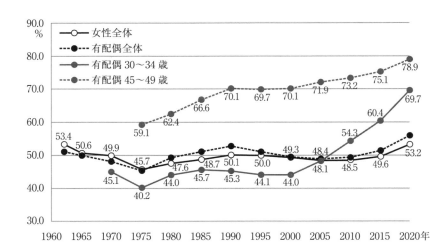

図4-3　配偶関係、年齢階級ごとにみた女性の労働力率の推移

注）1970年は40歳以上がまとめて示されており、40〜54歳のデータは58.9%である。

出所：総務省統計局「労働力調査」より作成。ただし、1962年、1965年は総理府統計局（1966）『労働力調査報告』による。

う 1975 年の傾向は、図 4-3 の有配偶 30 〜 34 歳の女性の労働力率の落ち込みからも確認できる。

　近年の出産・育児期の M 字の谷間の浅さは、未婚女性の増加や 1 人の女性の産む子ども数の減少という人口学的な要因とともに、出産・育児期も仕事を継続する有配偶女性の増加も影響している。女性全体でも、そして有配偶女性全体でも、労働力率はさほど上昇していないが、出産・育児期にあたる女性が多い 30 代前半の有配偶女性の労働力率は、2000 年以降大幅に上昇しており、2000 年に 44％であった労働力率は 2020 年には 69.7％に上昇している。

## 4. 出産前後の妻の就業状態の推移

　出産後も就業を継続する女性の増加の傾向については、国立社会保障・人口問題研究所（2022：67）の「第 16 回出生動向基本調査」（夫婦調査）で確認できる。図 4-4 は、第 1 子出生年別にみた出産前後の妻の就業変化である。1985 〜 1989 年の段階では第 1 子出産後も就業継続した妻は 23.9％であったが、2015 〜 2019 年には 53.8％の妻が出産後も就業継続している。出

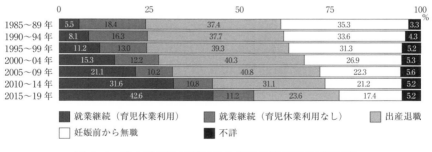

図 4-4　第 1 子出生年別にみた出産前後の妻の就業変化

注）第1子が1歳以上の夫婦について、妻の出産前後の就業変化を以下のように定義。
　・就業継続（育児休業利用）：妊娠判明時就業〜育児休業取得〜子ども1歳時就業。
　・就業継続（育児休業利用なし）：妊娠判明時就業〜育児休業取得なし〜子ども1歳時就業
　・出産退職：妊娠判明時就業〜子ども1歳時無職。
　・妊娠前から無職：妊娠判明時無職〜。

　　　出所：国立社会保障・人口問題研究所（2022）「出生動向基本調査」より作成。

産後も就業を継続する妻が確実に増加しており、とくに、1992年に育児休業法が施行（1995年に育児・介護休業法に改正）されて以降、徐々に育児休業を利用しての就業継続の割合が増加し、2015〜2019年に第1子を出産した妻の42.6％が育児休業を利用して就業を継続している。

## 第2節　共働き世帯数の増加と理想のライフコース

### 1. 雇用者世帯における共働き世帯数の増加

　出産後も仕事を継続する妻の増加とともに、図4-3でも示したとおり、中年期の有配偶女性の労働力率も増加している。こうした動きは、共働き世帯の増加をもたらす。図4-5は、雇用者の共働き世帯数の推移である。妻が64歳以下の世帯のうち、共働き世帯数は、妻がパート・妻がフルタイムを合わせて1985年の689万世帯から2021年には1,177万世帯へと増加している（内閣府男女共同参画局 2022）。一方、男性雇用者と無業の妻の世帯（専業主婦世帯）は、同時期に936万世帯から458万世帯へと半減しており、共働き世帯の4割弱に過ぎず、共働きが大勢になってきている。

　もっとも、妻がフルタイム労働（週35時間以上就業）の世帯数は、1985年の461万世帯から2021年の486万世帯へと25万世帯の増加にとどまっているのに対し、妻がパート（週35時間未満就業）の世帯は、同時期に228万世帯から691万世帯へと3倍以上に増加している。こうしたパートタイマーという不安定・低賃金の状態にある女性の雇用労働者化では、前章の生活時間の調査結果で確認したとおり、家事・育児の多くは相変わらず女性に割り当てられたままである。女性の就業によって、「男は仕事、女は家事・育児」という性別役割分業が見直されて男性の家事分担を導く、というものではないことは、すでに1985年に樋口（1985：27）が次のように指摘している。「男は仕事」はほぼ固定したまま、「女は家庭」のほうに一定の変更を加える。妻は主婦の座を軸としながら社会参加をすすめるという新・性別役割分業では、経済の主たる支え手である夫中心の家庭であることは変わらな

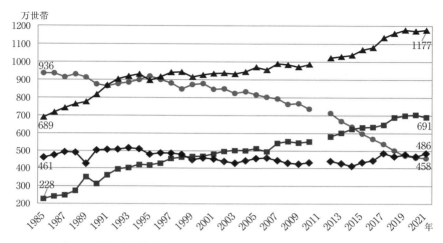

① ●─ 男性雇用者と無業の妻から成る世帯（妻 64 歳以下）
② ■─ 雇用者の共働き世帯（妻がパート〔週 35 時間未満就業〕）（妻 64 歳以下）
③ ◆─ 雇用者の共働き世帯（妻がフルタイム〔週 35 時間以上就業〕）（妻 64 歳以下）
④ ▲─ 共働き世帯②③の合計（妻 64 歳以下）

**図 4-5　雇用者世帯における共働き世帯数の推移（妻が 64 歳以下の世帯）**

注1)　「男性雇用者と無業の妻からなる世帯」とは、2017年までは夫が非農林業雇用者で、妻が非就業者（非労働力人口および完全失業者）かつ妻が64歳以下の世帯。2018年以降は、就業状態の区分変更に伴い、夫が非農林業雇用者で、妻が非就業者（非労働力人口および失業者）かつ妻が64歳以下の世帯。

注2)　「雇用者の共働き世帯」とは、夫婦ともに非農林業雇用者かつ妻が64歳以下の世帯。

注3)　2010年、2011年の被災3県（岩手県、宮城県および福島県）を除く全国の結果は、妻無業が2010年は713万世帯、2011年が710万世帯、妻パートが2010年は537万世帯、2011年が547万世帯、妻フルタイムが2010年は409万世帯、2011年は413万世帯。

原出所：1985年から2001年は総務庁「労働力調査特別調査」（各年2月）。2002年以降は「労働力調査（詳細集計）」より作成。「労働力調査特別調査」と「労働力調査（詳細集計）」とでは、調査方法、調査月等が相違することから、時系列比較には注意を要する。

出所：内閣府男女共同参画局（2022）より作成。

いとした。樋口が指摘した 1985 年当時から現在まで、フルタイムの妻は微増である一方、大きく増加したのはパートタイマーの妻である。夫婦の役割を均等にするためには、妻の就業の安定化と就業上の地位の向上を図ることが必要である。

## 2. 理想のライフコースの変化

　国立社会保障・人口問題研究所（2022）の「第16回出生動向基本調査」
（独身者調査）では、独身者に対して、今後の人生において結婚、出産・子
育て、仕事をどのように組み合わせるかについて、女性には理想と予想の
ライフコースを、また、男性にはパートナーに望むライフコースを尋ねて
いる。図4-6は、女性の理想のライフコースと男性がパートナーに望むラ
イフコースを示した図である。1987 ～ 2021年までの約35年間に、男女と
もに専業主婦が大幅に減少し、両立コースが増加している。女性では、「結
婚し、子どもを持つが、仕事も続ける」という両立コースが1987年では

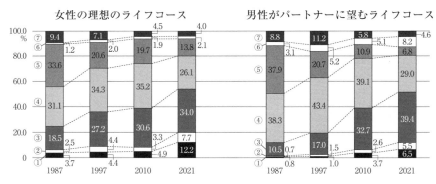

①非婚就業コース　②DINKsコース　③両立コース　④再就職コース　⑤専業主婦コース　⑥その他　⑦不詳

図4-6　女性の理想のライフコース、男性がパートナーに望むライフコースの推移

注1)「選択肢に示されたライフコース像」は以下のとおり。
　　・結婚せず、仕事を続ける（非婚就業コース）。
　　・結婚するが子どもはもたず、仕事を続ける（DINKsコース）。
　　・結婚し、子どもをもつが、仕事も続ける（両立コース）。
　　・結婚し子どもをもつが、結婚あるいは出産の機会にいったん退職し、子育て後に再
　　　び仕事をもつ（再就職コース）。
　　・結婚し子どもをもち、結婚あるいは出産の機会に退職し、その後は仕事をもたない
　　　（専業主婦コース）。
　　・その他（自由記述）。
注2)　DINKsは、Double Income No Kids の略で、共働きで子どもを意図的にもたない夫婦の
　　　こと。

出所：国立社会保障・人口問題研究所（2022）「出生動向基本調査」より作成。

18.5％であったが、2021 年では 34.0％となっている。男性が「パートナー
に望むライフコース」も、1987 年では 10.5％であった両立コースは、2021
年では、39.4％に増加している。代わって専業主婦コースは、女性では
1987 年の 33.6％から、2021 年の 13.8％と減少している。男性がパートナー
に期待するライフコースも専業主婦は、1987 年の 37.9％から 2021 年には
6.8％となっており、男女ともに専業主婦は望むライフコースではなくなっ
ている。

　女性の雇用労働者化の進行により、1990 年代半ばから専業主婦世帯が少
数派になり、共働き世帯が多数派になっていった。しかし、増加したのは妻
パートの世帯であり、相変わらず夫が経済の主たる支え手である世帯が多い
状態が続いている。もちろん、出産後も就業を継続する女性の割合も確実に
増加しており、男女ともに仕事と子育ての両立のライフコースを女性に望む
割合も増えており、共働き世帯の増加傾向は引き続き高まっていくと考えら
れる。

## 第3節　兼業農家女性の就業形態の変化の事例

　先述の図 4-1 の「女性の従業上の地位別就業者数と雇用者率の推移」で確
認したとおり、1955 年段階では雇用者は就業者全体の 3 割であり、7 割は自
営業主、または家族従事者であった。しかし、1966 年には雇用者が 50.4％
と 5 割を超えている（総務省統計局 2021b）。そして、図 4-2 の「女性の年
齢階級別労働力率の推移」でも述べたとおり、自営業という生活の場での労
働から雇用労働への移行は、生活の場と生産の場の分離を促し、出産・育児
期に専業主婦化する傾向をもたらした。こうした自営業から雇用労働への移
行が、出産・育児期の女性の生活にどのような変化をもたらしたのかについ
て、長野県諏訪地方の農村で行った調査の結果から確認したい。

　図 4-7 は、長野県諏訪地方の農村で実施した調査結果[注]をもとに作成し
た図である（久保 1982）。1980 年の調査時点で、70 代から 20 代までの兼業
農家の女性たちの就業形態を、年齢コーホート（同時出生集団）別に示した

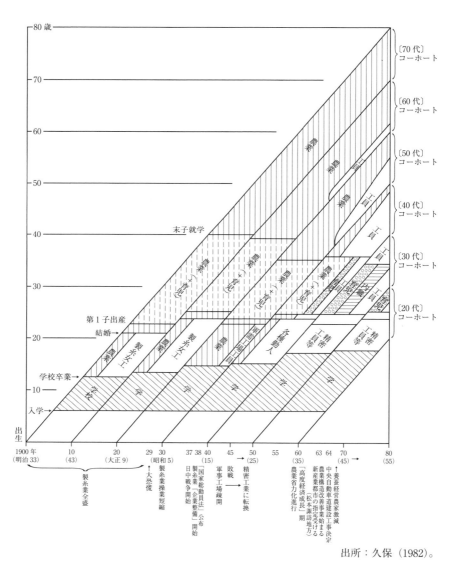

出所：久保 (1982)。

図 4-7　諏訪地方の農村における兼業農家女性の就業形態の変化

図である。横軸に時代の変化（地域社会の歴史的推移）を、縦軸に女性の加齢（ライフステージの変化）を取り、1980年当時の10歳区分の年齢コーホートを、20代コーホートから70代コーホートまで作成し、それぞれのコーホートのライフステージごとの主な職業を示している。

　70代コーホート（13人）は、1910年代に学校を卒業し、卒業後は多くが製糸女工となった。当時の諏訪地方では多くの製糸工場が操業しており、女性たちは結婚までは地元の工場で働き、結婚を機に米作と養蚕を中心とした婚家の農業に携わるようになった。対象者の語りによれば、「娘時代は製糸家（筆者注：製糸工場）に行っても、嫁に来たらその家の百姓をやるのは当たり前のこと」であった。出産後の子どもの世話は「姑」に任せ、女性は「嫁」として野良仕事や養蚕の中心的な担い手であった。

　60代コーホート（13人）も、70代コーホートとほぼ同様の職業経歴をたどっているが、変化もみられる。学校卒業から結婚前の時期には、70代同様に多くの者は製糸工場に就職するものの、1929年の世界大恐慌，1937年の製糸業の「企業整備」（統廃合）の影響で、工場が倒産し実家の農業に従事する者もあった。そして、1960年代以降の養蚕業の衰退後は工場勤めを始めた者もおり、70代に比べ時代の変化の影響を受けたコーホートであった。

　50代コーホート（15人）は、学校卒業後から結婚までの時期は、多くの者は実家の農業に従事した。製糸工場勤務を始めたものは1人だけで、その勤め先の工場もその後に倒産してしまう。しかしその製糸工場は疎開してきた精密機械の軍需工場になり、引き続きその工場の工員となっている。また、学校卒業後に農業に従事していた者のうち2人は、疎開してきた軍需工場の工員になった。50代コーホートも結婚後は婚家の農業に携わり、出産後も家の農業の中心的な担い手であった。しかし、60代と同様、1960年代には工場勤めを始める者も出ている。1955年以降の高度経済成長期に諏訪地方の製造業は精密機械工業を中心に急成長し、一方、農業は省力化が進むとともに養蚕業が衰退した。とくに、諏訪まわりが決定した中央高速自動車道は地域の桑畑の減少をもたらし、農家の女性の働きかたの変化を促した。

　40代コーホート（14人）は、1944年から1955年が学校卒業の時期であり、この時期は疎開してきていた軍需工場の一部は存続したものの、閉鎖、引き揚げ、解散する工場も多く、就職先はさまざまであった。実家の農業に従事する者が2人いたが、他は雇用労働に就職した。結婚後は農業に従事する者が7人と増えているが、雇用労働を続ける者もいた。出産後に雇用労働を続ける者は1人であったが、末子就学前には半数が雇用労働に就き始めた。しかし、勤めに出ていても親世代が高齢になっている者は、日曜や夕方には農作業にも従事していた。

　30代コーホート（14人）は、学校卒業後に農業に従事した者はおらず、全員が雇用労働に就いており、半数以上は精密機械の会社に就職した。結婚後は婚家の農業に従事した者は1人だけで他は勤めを続け、出産後は産休後に就業継続した者が4人、退職した者が8人である。出産退職後に精密機械工業などの内職を行う者が6人で、内職をしながら子どもの世話を行い、農業の中心的担い手は親世代であった。親世代は子どもの世話をするよりも農作業のほうが楽であり、本人は、農家に生まれても農業経験がなく、農業はわからないということであった。「野菜の芽と雑草と見分けがつかず、野菜の芽を抜いてしまった」という語りもあった。なお、勤務を継続している世帯では親世代が育児を担当していた。

　20代コーホート（12人）は、30代とほぼ同じであり、結婚後も雇用労働を継続しているが、出産経験のある7人のうち、就業継続3人、自営1人、退職3人（その後2人就職）で、この時点ではまだ定まっていないが、結婚や出産を機に農業に従事するということはなかった。勤務の継続者は保育所と親世代に子どもの世話を依頼していた。30代同様、調査時点でもそれ以降も農業に従事する予定はないということであった。

　1955年以降の変化の一つである農作業の省力化と養蚕業の衰退は、兼業農家の家庭内の役割分担にも変化をもたらした。省力化された農作業は、高齢でも十分担えるようになり、既婚若年女子労働力を必要としなくなり、結婚時に女性が雇用労働を退職し、自家農業に従事するパターンは30代、20代コーホートでは見られなくなる。さらにこれらのコーホートでは、出産時

に雇用労働を退職した者も農業に従事する者はなく、内職しながらの家事・育児か、家事・育児専業である。かつて50代以上のコーホートでは、本人が農業の中心的担い手であり、親世代が家事・育児を担うという役割分担であった。しかし、その後、親世代にとって省力化された農作業のほうが、この間むしろ複雑化した育児労働よりも、精神的・肉体的負担が少なくなっている。そして、農作業の経験のないままに結婚した若い世代にとっては、不慣れな農作業よりも、むしろ育児専業か育児をしながらの内職のほうが負担は少ない。対象者の語りから世代間の役割分担の逆転現象が生じていることがわかる。

　また、50代以上のコーホートの育児期の就労は農業労働であり、乳幼児を親世代に預けていたとはいえ、生活の場での生産労働であったから、本人も世話をすることが可能であった。育児は就業の中断にはならなかった。しかし、30代や20代のコーホートの就業は雇用労働であり、通勤・勤務という一定時間の否応なしの拘束を前提とし、しかも生活の場と労働の場の分離が一般的であるから，拘束時間中の育児は困難である。親世代の状態や社会的な保育の体制が整わない限り、若い世代は育児専業とならざるをえない。1970年代以降、農家世帯とはいえ、雇用労働に従事する子育て世代にとっては、育児期の就業を保障する社会的条件が整っているかどうかが、就業継続の条件となってきたといえる。

注）本調査は、「お茶の水女子大学高齢者問題調査団」（責任者・湯沢雍彦）が、長野県諏訪市の農村において行った調査の一部である。調査は、1979年7月に第一次調査（対象者160人）、1980年7月に第二次調査（対象者110人）、さらに10月に第三次調査を実施した。ここで紹介する結果は、主に第三次調査の結果であり、詳細は久保（1982）にまとめられている。第三次調査は、第二次調査の追加調査である。
　　対象者は、二次調査の対象者が30代以上であったため、第三次調査では20代の女性の対象者を追加して計90人とした。調査法は、「記憶追跡調査法」による訪問面接調査である。対象者90人中、農業センサスの農家の規定を満たす世帯の女性81名を分析対象としている。
　　なお、調査団全体の調査結果については、湯沢（1981）にまとめられている。

第 5 章

共働きの夫の家事・育児分担の分析

## 第1節　夫の家事・育児分担に影響をおよぼす要因の研究

　妻の就業は増加していても、前章で確認したとおり、夫婦の家事関連時間は平等にはほど遠い数値である。しかし、妻と家事・育児を分担しようと生活を工夫する男性たちのいることも第3章で確認している。稲葉（2006：6-8）は、夫婦の家事分担についての多くの研究の蓄積から、家事分担のパターンを説明する理論について、6つの仮説を紹介している。

　まず、アメリカを中心とした先行研究から家事分担のパターンを説明する理論は3つに大別されるといわれているとする。相対的資源仮説、時間的制約仮説、性役割イデオロギー仮説である。相対的資源仮説は、勢力が劣位であるものが家事を行うと考え、この勢力を規定する要因が資源であるから、相対的に資源の少ないものが家事を行うと考える。学歴、所得、職業威信などの属性が指標とされることが多い。勢力仮説ともいわれる。時間的制約仮説は、時間的制約の少ないほうが家事を行うという仮説で、男女とも労働時間の長さが家事参加と負の関係を示すとされる。性役割イデオロギー仮説は、性別役割分業規範を強く支持している場合は男性の家事参加が低く、女性の家事参加が高くなり、逆に支持していなければ家事参加は平等になるという仮説である。

　稲葉は、これらの仮説の関係について、性役割イデオロギーを支持している場合、男性の労働時間は長くなるだろうし、職業的地位に恵まれている男性ほど労働時間が長くなるだろうから、労働時間という指標そのものが性役割イデオロギー仮説や相対的資源仮説の影響を受けてしまうというように、仮説間の関連についての整理を行っている。

　そして稲葉は、次の3つの仮説を追加している。まず、家事・育児のニーズそれ自体が大きければ、男性の家事参加が高まるというニーズ仮説である。次に、世帯内外で夫婦以外に家事を担当してくれる人がいれば、男女とも家事参加が減るという代替資源仮説である。3番目は、夫婦の情緒関係が強まるほど家事・育児を夫婦が一緒に行うことが増加し、夫の家事参加が高

まるという情緒関係仮説である。

　石井クンツ（2013：133-151）は、父親の育児・子育て参加の要因について、日米の研究者の検証してきた要因を以下のように整理している。まず、第 1 は、資源・勢力格差要因である。そのなかの 1 つは相対的資源差説で、稲葉の相対的資源仮説とほぼ同様の仮説である。もう 1 つは時間的余裕説で、自由な時間をより多くもつほうが、家事や育児をより頻繁に行うという仮説である。

　第 2 は、意識要因で、そのなかには、性別役割分業観説と父親アイデンティティ説、さらに、ジェネラティビティ説が含まれる。性別役割分業観説は伝統的な性別役割分業観に反対である男性ほど子育てをしているという仮説である。父親アイデンティティ説は、父親役割は重要だと思っている男性ほど子育てをするという仮説である。ジェネラティビティとは、「次世代を育てる」ことであり、子どもと遊ぶ頻度が高い父親ほどジェネラティビティ観が高いという。父親の育児参加を規定する要因というよりも、育児に参加することにより、ジェネラティビティ観が高くなるという関係で検討されてきたとする。

　第 3 の要因は、ネットワーク・サポート要因で、家庭内需要説、職場環境と慣行である。家庭内需要説は、父親の育児参加は家庭内の需要の度合いによって影響されるという説で、子どもの数や子どもの年齢、親との同・別居などで測定されるとする。親との同・別居については、親と同居している場合は、夫の参加が低いという結果が紹介されている。職場環境と慣行については、これまで家庭内の状況や個人の意識に関する仮説が頻繁に検証されてきたが、近年、父親の就労や職場環境が、どのように子育てに影響を与えているかに注目した研究が多くなっているとしている。

　さらに、これまであまり検討されてこなかった要因として、夫婦関係要因と子育てスキル・スタンダード要因を紹介している。夫婦関係要因では、①夫婦関係満足感説、②母親のゲートキーピング説を取り上げている。夫婦関係満足感説は、夫婦関係が良好であれば、夫は家事・育児を多くするというものだが、「育児をするから結婚に満足している」のかで、議論が分かれる

としている。母親のゲートキーピング説とは、妻の夫への働きかけが夫の育児参加を促進、または抑制するという説である。中川（2021：86）の調査によれば、妻が家事を抱え込むというゲートキーピング行動は夫の家事参加を抑制するという結果を導いている。子育てスキル・スタンダード要因について石井クンツは、①子育てのスキル説と、②子育てのスタンダード説を紹介している。①は、子育てに自信があるほど、子育てに参加するという説であり、②は、子育てに関する標準が高い父親ほど、子育てへの参加の頻度が高くなるという説である。

　なお、石井クンツ（同：132）は、育児は、子どもに対して他者から「可愛い」といわれるなど、他者からの評価で「喜び」「誇り」という「報酬」を得られる可能性を含む行動である。一方、家事は、「報酬」が比較的少なく、ルーチン化された行動であるとして、育児と家事とは大きな相違点があるとする。そして、これまでの研究成果から、家事と育児は、「関連しているが別の行動」であると結論づけられるとしている。家事分担の要因については、妻の収入が多い、妻の学歴が高い、妻が自身の就労を肯定的に考えている場合は、家事の夫婦協働率が高いこと、子育ての場合は、子ども数、子どもの年齢、夫が妻の就労を肯定的に思っていることが、子育ての夫婦間のシェアを高めているとしている。

　また、筒井（2016：105）は、性別役割分業の態度と家事分担の関係について複雑なケースがあるとする。対等に働いても、妻が家事を手放さないケースもある。女性が「家庭の責任者」としてのアイデンティティを維持したいがために、容易には夫の参加を認めないという場合である。また、妻よりも稼ぎの少ない男性が、あえて家事をしないというケースである。稼ぎによって男らしさを表現できない男性が、あえて家事をしないことで男性役割を維持したい、「家事をしない」ことが、男性のアイデンティティになるということである。

　以上のように、男性の家事・育児分担の要因については、さまざまな要因が考えられているが、次の第2節では、稲葉のまとめた要因と石井クンツのまとめた要因を参考にして、共働き世帯を対象に筆者が行った調査結果から

要因を検討する。検討には、共働き世帯における夫の家事の遂行頻度と育児の遂行頻度を従属変数とし、要因を独立変数とした重回帰分析を用いる。

　第 3 節では、第 2 節で使用するデータを用いて、家事・育児の項目別に夫婦の遂行頻度について検討する。筒井（2014：77-81）は、家事項目により夫婦の家事頻度の変化が異なることを指摘している。筒井の分析では妻の労働時間が増えた際の変化の予測値について、もっとも妻の頻度が落ちにくいのは「食事の用意」と「食事の後片づけ」で、もっとも頻度が落ちるのは「掃除」と「買い物」である。夫の頻度は「食事の後片づけ」に比べ、「掃除」や「買い物」の頻度は上がりにくいとしている。そして、妻の頻度を減らした分だけ夫の頻度は増加せず、夫の頻度が妻の頻度の減少分を代替できていないことを指摘している。項目別に夫の頻度を妻の頻度と関連させて検討することにより、夫婦の分担の具体的な状況に接近することができる。本章では、夫の頻度と妻の頻度の変化の予測は行っていないので、相関関係を確認することで項目別の関係を検討する。さらに、項目別の家事・育児遂行頻度と、夫の週労働通勤時間、およびジェンダー平等意識との関係を検討する。

　なお、夫の家事・育児への関わりについては、家事・育児分担、家事・育児参加、家事・育児遂行とさまざまな表現が用いられているが、稲葉（2006：7）は夫婦の家事分担・男性の家事参加、と表現している。中川（2021：229）は、夫の家事・育児への関与について、「参加」の程度にとどまるのではなく、「遂行」といった主体的な概念による研究を展望している。本章および第 6 章、第 7 章においては、夫の分担については「家事・育児分担」とする。また、調査分析に用いた変数との関係から、結果の記述では主に、「家事・育児遂行」と表現する。しかし、先行研究などで、「参加」が用いられている場合にはそのまま「参加」を用いる。また、「分担」は、一定量の負担を「分けて受け持つ」ということばかりでなく、負担をシェア（share）する、分かち合う、という意味合いでも用いることにする。

## 第2節　夫の家事・育児分担に影響をおよぼす要因

### 1.　仮説の設定

　前節で述べた稲葉と石井クンツの共通の仮説を整理し、夫の家事・育児分担に影響をおよぼす要因とする。共通の仮説としては、相対的資源仮説、時間的制約仮説、性役割イデオロギー仮説がほぼ同じ用語で示されている。さらに、稲葉のニーズ仮説、代替資源仮説も石井クンツの家庭内需要説と共通で、情緒関係仮説についても、石井クンツの夫婦関係満足感説とも共通する説であり、稲葉の6つの要因を用いて仮説を設定する。また、先述のとおり、稲葉は、労働時間は性役割イデオロギー、および相対的資源に影響を受けるとしているから、同時に独立変数として投入することについては慎重に検討する必要がある。後述の表5-3を確認すると、独立変数間にはそれほど強い相関は認められないので、6つの仮説の変数を用いて重回帰分析を行う。各仮説の具体的な内容については、用いた変数のところで説明する。

### 2.　データについて

　データは、2013年11月に千葉県湾岸部と北西部の公立保育所21保育所に通所する子どもの保護者を対象に行った質問紙調査「子育てと仕事の両立に関する調査」の結果である（久保、2015）。対象地域は、保育所の最寄り駅から千葉駅にも東京都心部にも、ほぼ1時間以内で通えるところである。調査方法は自記式質問紙調査であり、無記名で、回答は番号を選択するか数字を記載する方法をとった。なお、質問紙の最後に自由記述欄を設けた。

　調査票の配布は保育所を通じて行った。回収は留め置きとし、回収予定日までに保育所の指定回収箱に回答者が直接返却する方法をとった。調査票は「家族票」・「母親票（子どもの母）」・「父親票（子どもの父）」を組にして2,119世帯に配布し、回収は1,118世帯分であった（回収率52.8％、有効票は1,099世帯分、有効回収率は51.9％）。データは家族票、母親票、父親票

をセットにして1世帯分として入力し、1世帯分を1票とした。

　本章とともに、以下、第6章、および第7章の分析には、夫婦ともに雇用者か役員の共働きの核家族世帯で、分析に用いる項目について夫婦ともにほぼ回答がある726世帯分（以下、726票）を用いた。なお、単身赴任中で平日は別居の票や労働通勤時間が100時間を超える票などは含めていない。

　以下、「母親票」の回答は「妻の回答」、「父親票」の回答は「夫の回答」と表現する。

　分析対象者の平均年齢は、表5-1のとおり、妻が35.7歳、夫が37.2歳である。平均子ども数は、1.8人で、子ども数1人が37.0％、2人が49.7％、3人以上が13.3％である。長子の平均年齢は5.3歳で、末子の平均年齢（子ども数1人の場合は第1子）は2.6歳である。夫の就業形態は正規雇用者・役員が94.4％で、非正規雇用者が5.6％である。妻の就業形態は正規雇用者・役員が63.4％で、非正規雇用者が36.6％である。就業形態の「正規」には正規雇用の職員・従業員と役員・経営者を、「非正規」には、臨時・パート・アルバイト、派遣・契約社員を分類した。平均教育年数は夫が14.69年、妻が14.47年である。教育年数は最終学歴のカテゴリーデータを、中卒9年、高卒12年、短大・専門卒14年、大卒・大学院修了16年で算出

表 5-1　分析対象者の基本属性（$N$=726）

|  | 平均値 | 標準偏差 | 範囲 |
|---|---|---|---|
| 妻の年齢（歳） | 35.7 | 4.64 | 22-50 |
| 夫の年齢（歳） | 37.2 | 5.43 | 19-61 |
| 子ども数（人） | 1.8 | 0.72 | 1-5 |
| 末子年齢（歳） | 2.6 | 1.73 | 0-6 |
| 長子年齢（歳） | 5.3 | 3.39 | 1-22 |
| 夫の教育年数（年） | 14.69 | 1.78 | 9-16 |
| 妻の教育年数（年） | 14.47 | 1.60 | 9-16 |

|  | 正規 | 非正規 |  |
|---|---|---|---|
| 夫の就業形態（％） | 94.4 | 5.6 |  |
| 妻の就業形態（％） | 63.4 | 36.6 |  |

した。

　調査票の配布場所でも確認できるように、分析対象は未就学児をもつ世帯に限定している。さらに、世帯形態の影響を抑えるために、核家族の雇用者世帯に限定した。調査時期に近い 2015 年の国勢調査では、6 歳未満の子どもと夫婦のいる世帯の場合、夫婦とも雇用者の共働き世帯は、核家族世帯では 375.8 万世帯中 149.7 万世帯と 39.8％であるのに対し、拡大家族世帯では 44.7 万世帯中 21.2 万世帯と 47.4％と高い値を示しており、祖父母同居により妻の家事・育児の負担が軽減され、就業しやすいことがうかがわれる（国立社会保障・人口問題研究所 2021: 123）。しかし、6 歳未満の子どもと夫婦のいる世帯のうち、拡大家族世帯割合は 1985 年の 30.4％から 2015 年には 10.6％まで減少しており、長期的には核家族世帯が大勢を占めてきている。今回の分析に用いる調査結果でも、共働きの雇用者世帯で拡大家族世帯は 6.8％に過ぎないため、分析対象は核家族世帯に限定した。

## 3．変数について

### （1）従属変数の家事・育児の項目

　家事の調査項目は、日本家族社会学会の「全国家族調査」（2005：358）の調査項目を取り上げる。項目は、「食事の用意」、「食事の後片づけ」、「食料品や日用品の買い物」、「洗濯」、「掃除（部屋、風呂、トイレなど）」である。基本的には、第 1 章で説明した Coltrane （2000： 1210）の延期のできない日々のルーティンな家事である。

　育児の調査項目については、「全国家族調査」の項目が「子どもと遊ぶこと」、「子どもの身のまわりの世話」の 2 項目であるので、5 項目にするために、「子どもの入浴の世話」、「子どもを寝かしつける」、「保育園の送迎」の項目を追加した。これらの追加項目は、国立社会保障・人口問題研究所の「全国家庭動向調査」（2011：98）の育児項目を参考にした。家事・育児の遂行を測るための項目とともに、どのような尺度で測るのかも決める必要がある。本調査では、「全国家族調査」同様に遂行頻度で得点化することとした。

夫の家事・育児遂行頻度については、夫の回答を用いた。回答は5件法で週の遂行頻度を求め、「ほとんど行わない」を1点、「週に1日くらい」を2点、「週に2～3日」を3点、「週に4～5日」を4点、「ほぼ毎日（週6～7日）」を5点と得点化した。家事5項目と育児5項目については、それぞれ因子分析にて一因子構造であることを確認し、合計点を算出し、合成変数の「夫の家事遂行頻度」、「夫の育児遂行頻度」を作成した（家事項目は $\alpha$ =.724、育児項目は $\alpha$ =.798）。各項目の平均値、標準偏差は第3節の表5-5に示した。

### （2）独立変数の項目

稲葉（1998）のまとめた6つの仮説の具体的な変数の内容は、以下のとおりである。

まず相対的資源仮説の変数として「妻の就業形態」を取り上げた。夫に比べ勢力が劣位である非正規雇用の妻に比べ、夫との勢力差の少ない正規雇用の妻のほうが、夫の家事・育児遂行頻度が高いと考えられる。「妻の就業形態」は妻の回答を用い、正規雇用者・役員（以下、正規雇用者とする）を1、非正規雇用者を0とするダミー変数を作成した。

時間的制約仮説の変数として「夫の週労働通勤時間」を取り上げた。週労働通勤時間が長いほど、家事・育児遂行頻度は低くなると考えられる。「夫の週労働通勤時間」は夫の回答を用い、週の通勤と労働時間の合計時間とした。

性役割イデオロギー仮説の変数として、夫の「共働きならば家事・育児を平等に分担すべき」というジェンダー平等意識の回答を取り上げた。ジェンダー平等意識が高いほど家事・育児遂行頻度は高くなると考えられる。回答は4件法で、夫の回答を、「そう思わない」を1点、「どちらかといえばそう思わない」を2点、「どちらかといえばそう思う」を3点、「そう思う」を4点と得点化した。

ニーズ仮説の変数として「末子年齢」を取り上げた。末子年齢が低いほど家事・育児のニーズが高まり、夫の遂行頻度も高まると考えられる。「末子

年齢」は家族票の回答を用い、そのまま年齢を投入した。

　代替資源仮説の変数として「親族への育児援助の依頼」を取り上げた。親族への依頼の頻度が高いほど、夫の家事・育児遂行頻度が低くなると考えられる。「親族への育児援助の依頼」は家族票の回答を用い、妻方親族、夫方親族双方に対し、保育園のお迎えや子どもの世話などの依頼について４件法で回答を得て、「頼まない」を１点、「頼んだことがある」を２点、「しばしば頼む」を３点、「ほぼ毎日頼む」を４点と得点化し、２項目を合計した。

　情緒関係仮説としては、「妻が一番に頼れる人」の項目を取り上げた。夫を一番頼れる場合には、夫の家事・育児遂行頻度が高いと考えられる。妻の回答を用いて、夫が一番の場合を１、その他の人の場合を０としたダミー変数を作成した。

　最後にコントロール変数として、「夫の教育年数」を取り上げた。

　重回帰分析では、VIF 値、偏回帰係数と相関係数の符号、$R^2$ の変化量を確認し、多重共線性の問題が生じていないことを確認し、さらに、ダービン・ワトソン比で残差の正規性を確認し、残差はランダムである可能性が高いと考えられるので、以上の変数で重回帰分析を行った。分析モデルは図5-1 のとおりである。なお、分析に用いるデータについて、欠損値については平均値を代入した。統計ソフトは SPSS Ver.27 を用いた。

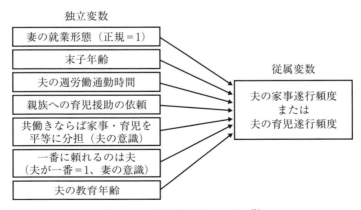

図 5-1　重回帰分析のモデル[注]

## 4.　分析結果

### （1）変数の記述統計量と変数間の相関

　重回帰分析に用いる変数の平均値、標準偏差、範囲は表5-2のとおりである。「夫の家事遂行頻度」の平均値は11.13点で、1項目平均2.2点である。「夫の育児遂行頻度」の平均13.66点で、1項目平均2.7点で、「育児遂行頻度」のほうが「家事遂行頻度」よりも高い。「妻の就業形態」の平均は0.63で、正規雇用者のほうが多いことを示している。「末子年齢」の平均は、2.63歳である。「夫の週労働通勤時間」の平均は、59.06時間（労働時間〈分〉と通勤時間〈分〉の合計を60で除した値である）である。「親族への育児援助の依頼」の平均値は3.23である。夫の「共働きならば家事育児を平等に分担すべき」というジェンダー平等意識の平均は3.02点で、全体に意識が高い傾向にある。「一番に頼れるのは夫」の平均値は0.74で、夫を一番に頼る傾向が強い。「夫の教育年数」の平均値は14.69年で、大卒が多い傾向にある。

　変数の相関を確認しておくと表5-3のとおりである。「夫の家事遂行頻度」と「夫の育児遂行頻度」は強い有意な相関を示しており（順位相関係数 $\rho$ =.54、$p<.01$）、家事に関わる夫は育児にも関わっている関係が読みとれる。

表5-2　変数の記述統計量（$N = 726$）

| | 平均値 | 標準偏差 | 範囲 |
|---|---|---|---|
| 夫の家事遂行頻度 | 11.13 | 3.94 | 5-25 |
| 夫の育児遂行頻度 | 13.66 | 4.60 | 5-25 |
| 妻の就業形態（正規=1） | 0.63 | 0.48 | 0-1 |
| 末子年齢 | 2.63 | 1.73 | 0-6 |
| 夫の週労働通勤時間 | 59.06 | 11.36 | 22-100 |
| 親族への育児援助の依頼 | 3.23 | 1.16 | 2-7 |
| 共働きならば家事・育児を平等に分担（夫の意識） | 3.02 | 0.80 | 1-4 |
| 一番に頼れるのは夫（夫が一番＝1、妻の意識） | 0.74 | 0.44 | 0-1 |
| 夫の教育年数 | 14.69 | 1.78 | 9-16 |

表5-3　変数の相関行列（*N*=726）

| | 1 | 2 | 3 | 4 | 5 | 6 | 7 | 8 |
|---|---|---|---|---|---|---|---|---|
| 1. 夫の家事遂行頻度 | － | | | | | | | |
| 2. 夫の育児遂行頻度 | .54** | － | | | | | | |
| 3. 妻の就業形態（正規=1） | .21** | .18** | － | | | | | |
| 4. 末子年齢 | .03 | -.06 | -.11** | | | | | |
| 5. 夫の週労働通勤時間 | -.16** | -.31** | -.03 | -.02 | － | | | |
| 6. 親族への育児援助の依頼 | .04 | .07 | .14** | .02 | .04 | － | | |
| 7. 共働きならば家事育児を平等に分担<br>（夫の意識） | .31** | .30** | .09* | -.06 | -.10** | .02 | － | |
| 8. 一番に頼れるのは夫<br>（夫が一番＝1、妻の意識） | .16** | .26** | -.02 | -.02 | -.18** | -.23** | .16** | － |
| 9. 夫の教育年数 | .16** | .09* | .26** | -.05 | .02 | .07* | .02 | .08* |

\**p* <.05、\*\**p* <.01

注）相関係数はSpearmanの順位相関係数（ロー、$\rho$）
　　各変数の中央値（第1四分位点-第3四分位点）は次のとおり。
　　1. 11（8-13）、2. 13（10-17）、3. 1（0-1）、4. 2（1-4）、5. 58.33（50.79-65.00）、
　　6. 3（2-4）、7. 3（3-4）、8. 1（0-1）、9. 16（14-16）

　重回帰に投入する独立変数間での相関は、「妻の就業形態」と「夫の教育年数」など、いくつか有意な相関を示しているが、先述のとおり、多重共線性の問題が生じるような関連の強さは示されていないので、これらの変数を投入して分析を行った。

### （2）重回帰分析の結果

　「夫の家事遂行頻度」、「夫の育児遂行頻度」を従属変数にした重回帰分析の結果は表5-4のとおりである。「夫の家事遂行頻度」との関係で有意な正の影響を示した項目は、「妻の就業形態（正規 = 1）」（$\beta$ =.157、*p*<.001）、「共働きならば家事・育児を平等に分担すべき」という夫のジェンダー平等意識（$\beta$ =.254、*p*<.001）、妻が「一番に頼れるのは夫（夫が一番 =1）」（$\beta$ =.087、*p*<.05）、「夫の教育年数」（$\beta$ =.089、*p*<.05）である。有意な負の影響を示した項目は、「夫の週労働通勤時間」（$\beta$ =-.123、*p*<.001）である。「末子年齢」と「親族への育児援助の依頼」は、有意な影響はみられなかった。

表5-4　夫の家事・育児遂行頻度の重回帰分析結果
（偏回帰係数 $B$、標準偏回帰係数 $\beta$）（$N$=726）

| | 家事遂行頻度 | | 育児遂行頻度 | |
|---|---|---|---|---|
| | $B$ | $\beta$ | $B$ | $\beta$ |
| （定数） | 5.201 | | 12.106 | |
| 妻の就業形態（正規=1） | 1.283 | .157*** | 1.208 | .127*** |
| 末子年齢 | .117 | .051 | -.072 | -.027 |
| 夫の週労働通勤時間 | -.043 | -.123*** | -.102 | -.252*** |
| 親族への育児援助の依頼 | .026 | .008 | .389 | .098** |
| 共働きならば家事・育児を平等に分担（夫の意識） | 1.256 | .254*** | 1.206 | .209*** |
| 一番に頼れるのは夫（夫が一番=1、妻の意識） | .779 | .087* | 2.118 | .202*** |
| 夫の教育年数 | .196 | .089* | .037 | .014 |
| $F$値 | | 18.916*** | | 29.359*** |
| $R^2$ | | .156 | | .223 |
| 調整済 $R^2$ | | .147 | | .215 |

*$p$ <.05、**$p$ <.01、***$p$ <.001

「夫の育児遂行頻度」との関係で有意な正の影響を示した項目は、「妻の就業形態（正規 =1）」（$\beta$ =.127、$p$<.001）、「共働きならば家事・育児を平等に分担すべき」という夫のジェンダー平等意識（$\beta$ =.209、$p$<.001）、妻が「一番に頼れるのは夫（夫 =1）」（$\beta$ =.202、$p$<.001）、「親族への育児援助の依頼」（$\beta$ =.098、$p$<.01）である。有意な負の影響を示した項目は、「夫の週労働通勤時間」（$\beta$ =-.252、$p$<.001）であり、「末子年齢」「夫の教育年数」では、有意な影響はみられなかった。

### （3）仮説の支持・不支持

相対的資源仮説をもとに、夫に比べ勢力が劣位である非正規雇用の妻に比べ、夫との勢力差の少ない正規雇用の妻のほうが夫の家事・育児遂行頻度が高いという仮説を設定し、「妻の就業形態」を投入したところ、妻が正規雇用である場合のほうが、「夫の家事遂行頻度」も「夫の育児遂行頻度」も高いことが明らかになり、仮説は支持された。

次に、時間的制約の少ないほうが家事を行う、という時間的制約仮説とし

て投入した「夫の週労働通勤時間」については、労働通勤時間が長く時間的制約の大きい夫のほうが、「夫の家事遂行頻度」も「夫の育児遂行頻度」も低く、仮説は支持された。

　性役割イデオロギー仮説については、夫のジェンダー平等意識が高いほど家事・育児遂行頻度は高くなるという仮説を設定し、「共働きならば家事・育児を平等に分担すべき」というジェンダー平等意識を投入したところ、意識の高い夫のほうが「夫の家事遂行頻度」も「夫の育児遂行頻度」も高く、仮説は支持された。

　情緒関係仮説として、「妻が一番に頼れる人」の項目を取り上げ、夫が一番頼れる場合には、夫の家事・育児遂行頻度が高いという仮説を設定した。妻が「一番に頼れるのは夫（夫＝1）」については、夫を一番に頼れるほうが「夫の家事遂行頻度」も「夫の育児遂行頻度」も高く、仮説が支持された。

　一方、家事・育児のニーズそれ自体が大きければ、男性の参加が高まるというニーズ仮説として投入した「末子年齢」では、有意な影響はみられず、仮説は支持されなかった。

　世帯内外で夫婦以外に家事を担当してくれる人がいれば、男女とも家事参加が減るという代替資源仮説について、「親族への育児援助の依頼」を投入したところ、「夫の家事遂行頻度」には有意な影響が認められなかった。しかし、「夫の育児遂行頻度」では正の有意な影響が示され、依頼の頻度が高いほど夫の遂行頻度も高く、仮説とは反対の結果が示された。

## 第3節　家事・育児項目別にみた家事・育児の遂行頻度

### 1.　項目別にみた夫と妻の遂行頻度の関係

　本節では、家事・育児の項目別に遂行頻度について検討する。まず1項では、家事・育児の項目別に夫婦の遂行頻度の関係を検討する。先述したとおり、筒井は家事項目により夫の頻度が異なることと、妻の頻度の減少を夫の頻度が代替していないことを指摘している。本節では、第1節で述べたとお

り、夫と妻の頻度そのもので検討することにした。なお、妻の家事・育児の
遂行頻度は、妻の回答を用いている。

　まず、表 5-5 のとおり、全体としては、妻の頻度は大変高く、夫の頻度は
低い。両者の関係については、家事遂行頻度も育児遂行頻度も夫の頻度が高
い場合に、妻の頻度が低いという負の相関関係がみられる。比較的負の相関
が強い項目は、「食事の後片づけ」で、次に「子どもの入浴の世話」である。
これらの項目は、夫が担当することによって妻の負担を軽減できることを
示せる項目だといえる。「食事の準備・調理」、「洗濯・衣類の整理」も有意
な関係を示している。なお、「食料品・日常品の買い物」は、妻と夫の頻度
の関連は弱く、代替する必要性の低い項目だといえる。そして、「子どもの
遊びや話しの相手」の項目も、夫の頻度と妻の頻度と有意な相関がみられな
い。1 日のうちでは、夫の関わる時間が増えれば、妻の時間が減少するとい
う代替関係も考えられるが、調査では、週の遂行頻度を日数で尋ねているた
めに、代替関係を示すことに限界がある。

表 5-5　夫と妻の家事・育児頻度の各項目の相関 $(N=726)$

| | 夫と妻の相関（ρ） | 平均値 | | 標準偏差 | | 中央値 | |
|---|---|---|---|---|---|---|---|
| | | 夫 | 妻 | 夫 | 妻 | 夫 | 妻 |
| 食料品・日用品の買い物 | -.07 | 2.08 | 2.93 | 0.81 | 0.88 | 2(2-2) | 3(2-3) |
| 食事の準備・調理 | -.31** | 1.79 | 4.69 | 1.03 | 0.71 | 1(1-2) | 5(5-5) |
| 食事の後片づけ（食器洗い） | -.44** | 2.73 | 4.51 | 1.40 | 0.97 | 3(1-4) | 5(4-5) |
| 洗濯・衣類の整理 | -.28** | 2.37 | 4.51 | 1.30 | 0.91 | 2(1-3) | 5(4-5) |
| 部屋の掃除（風呂，トイレ） | -.18** | 2.16 | 3.24 | 1.10 | 1.12 | 2(1-3) | 3(2-4) |
| 子どもの食事や身のまわりの世話 | -.10** | 2.86 | 4.92 | 1.29 | 0.38 | 3(2-4) | 5(5-5) |
| 子どもの入浴の世話 | -.38** | 2.87 | 4.38 | 1.10 | 1.00 | 3(2-3) | 5(4-5) |
| 子どもの遊びや話しの相手 | .01 | 3.34 | 4.82 | 1.09 | 0.56 | 3(3-4) | 5(5-5) |
| 子どもを寝かしつける | -.31** | 2.32 | 4.52 | 1.26 | 1.08 | 2(1-3) | 5(5-5) |
| 保育園の送迎 | -.22** | 2.28 | 4.42 | 1.50 | 0.83 | 2(1-4) | 5(4-5) |

$^*p < .05$、$^{**}p < .01$

注1）各項目の範囲はいずれも1-5。
注2）相関係数はSpearmanの順位相関係数（ロー、ρ）。
注3）各項目の中央値の表記は、中央値（第1四分位点-第3四分位点）である。

## 2. 項目別にみた夫の遂行頻度と夫の分担要因との関係

項目別の家事・育児遂行頻度と、第2節で夫自身に関わる項目として関連が認められた「夫の週労働通勤時間」、および「共働きならば家事・育児を平等に分担すべき」というジェンダー平等意識との相関をみると、表5-6のとおりである。

「夫の週労働通勤時間」との相関は、家事項目については、「食事の準備・調理」、「洗濯・衣類の整理」「食料品・日用品の買い物」、さらに「部屋の掃除」も有意な負の相関を示しているが、「食事の後片づけ」は有意ではない。育児項目はすべて有意な負の相関を示しており、家事に比べると強い相関を示している。育児は、時間消費的な活動であり、子どもの必要に応える活動であるから、共に過ごす時間が求められ、時間の影響を受けることが確認できる。「食事の後片づけ」については、「食事の準備・調理」に比べて、必要とする人びとと時間的に近接した家事ではなく、時間的に融通が利き、「週

表5-6 夫の週労働通勤時間、夫のジェンダー平等意識と
家事・育児の各項目の遂行頻度との相関 (*N*=726)

|  | 夫の週労働<br>通勤時間 | 共働きならば家事・<br>育児を平等に分担 |
| --- | --- | --- |
| 食料品・日用品の買い物 | -.12** | .16** |
| 食事の準備・調理 | -.13** | .17** |
| 食事の後片づけ（食器洗い） | -.07 | .27** |
| 洗濯・衣類の整理 | -.13** | .22** |
| 部屋の掃除（部屋，風呂，トイレ等） | -.12** | .23** |
| 子どもの食事や身のまわりの世話 | -.25** | .29** |
| 子どもの入浴の世話 | -.27** | .20** |
| 子どもの遊びや話しの相手 | -.30** | .20** |
| 子どもを寝かしつける | -.21** | .20** |
| 保育園の送迎 | -.13** | .20** |

*$p$ <.05、**$p$ <.01

注）相関係数はSpearmanの順位相関係数（各変数の中央値等は表5-3、5-6を
　　参照）。

労働通勤時間」との関係が強くない家事である。表5-5に示したように、家事のなかでは夫の遂行頻度が高く、時間の影響を受けにくい家事であるといえる。

　ジェンダー平等意識の「共働きならば家事・育児を平等に分担すべき」という意識と家事・育児遂行頻度は、すべての項目で正の相関を示しており、家事項目では「食事の後片づけ」が他の項目よりも比較的強い相関を示しており、育児項目では「子どもの食事や身のまわりの世話」が比較的強い相関を示している。

## 第4節　考察とまとめ

　夫婦の家事・育児分担の要因分析については、相対的資源仮説、時間的制約仮説、性役割イデオロギー仮説、そして、情緒関係仮説は支持された。相対的資源として妻の就業形態を検討し、正規雇用の妻のほうが非正規の妻よりも夫の家事・育児の遂行頻度が高い傾向が認められた。労働通勤時間の長さは、週労働通勤時間の短い夫ほど遂行頻度が高いことが確認できた。さらに、「共働きならば家事・育児を平等に分担すべき」という夫のジェンダー平等意識も、ジェンダー平等意識をもつ夫ほど遂行頻度が高い結果が認められた。情緒関係についても、妻が夫を一番に頼る場合に家事・育児とも夫の遂行頻度が高い傾向が認められた。一方、ニーズ仮説と代替資源仮説は支持されなかった。ニーズ仮説では末子年齢を投入したが、夫の家事・育児の関わりにおいて、末子が0～6歳未満の幅で年齢差が少ないために、有意な影響が表われなかったと考えられる。

　代替資源仮説については、祖父母の支援がある場合、夫婦とも分担が低くなるという仮説は、これまでの研究でも同じ結論を導き出せていない。松田（2006a：51）は、親との同居が夫の子どもの「世話」の頻度に有意な効果を与えていないという結果を示している。日米の調査結果から夫の育児時間と親との同・別居の関係を検討した津谷（2004：198）の研究では、アメリカでは親の同居が夫の育児時間を減少させるが、日本では有意な影響は認め

られないという結果が示されている。Bott（1971：94）は結婚後も結婚前の古い関係が維持されている社会では、妻は家事・育児について、親族などの夫婦外の人びとからの援助を受けることが可能であり、そのことが夫婦の厳密な役割分業を可能にしていることを指摘した。そして、緊密なネットワーク、とくに妻と妻の母親との関係は夫婦の結束の妨げになることを示した。Bott 理論を応用し、ネットワークの強さと夫婦の役割分離を検討した Ishii-Kuntz and Maryanski（2003：371）の研究では、親族や友人とのネットワークが緊密な場合は、夫婦の役割分離が強いという結果が導かれている。

　以上の先行研究は、親族の援助が夫婦の役割分離や夫の家事・育児分担に影響するという因果関係の仮説の検証という枠組みであるが、Wellman and Wellman（1992：405）は、コミュニティが緩やかな選択的な社会においては、Bott 理論のようにネットワークが夫婦関係に作用するのではなく、夫婦からネットワークに作用し、夫婦は、親族、友人、隣人らの多様なつながりからサポート資源を入手することを指摘した。

　本章の結果では、親族に援助を依頼するほうが夫の育児遂行頻度が高く、妻の育児と仕事の両立を支えるために、競合するのではなく、夫も分担し親族も協力するという関係が推測でき、夫婦が自律的にネットワークに働きかけている関係になっていると考えられる。なお、データの説明でも述べたとおり、世帯形態の影響を抑えるために分析対象を核家族に限定している。したがってこの結果は、核家族の雇用者世帯における親族の援助と夫の遂行頻度の結果である。

　家事・育児の各項目の夫の遂行頻度と妻の遂行頻度との関係については、家事遂行頻度も育児遂行頻度もおおむね夫の頻度が高い場合に、妻の頻度が低いという関係がみられ、とくに「食事の後片づけ」や「入浴の世話」は、夫が担当することによって妻の負担を軽減できていると考えられる。

　「夫の週労働通勤時間」との関係では、「食事の準備・調理」などの時間的に裁量の余地のない家事や、時間消費的で、しかも時間的に裁量の余地のない育児では、「週労働通勤時間」の長い夫の遂行頻度が低い傾向にある。「食事の後片づけ」といった時間的に裁量の余地のある家事では影響が少ない。

とくに、食事関連の家事として、食事の準備と片づけの差について検討すると、「週労働通勤時間」の長い夫の食事の準備の遂行頻度が低いという結果からは、食事の後片づけに比べ、食事の準備は必要とする人びとと時間的にも距離的にも近接したところで行う家事であるということも、夫の遂行頻度が高まらない理由であると考えられる。

　食事の準備をするためには、家族が食事をする時間には帰宅している必要がある。また、子どもの入浴の世話や子どもを寝かしつけることについても、子どもが起きている時間に帰宅する必要がある。しかし、こうした項目は、長時間労働や残業などのために、決まった時間に帰宅することが難しい夫には、担当することが物理的にも難しい家事・育児である。なかなか夫の遂行頻度が高くならない家事や育児は、時間の量とともに、タイミングも重要である。労働者が職場から要求される時間を優先させてしまうのではなく、日々の生活時間の配分の裁量度を高められるための方策が必要である。

　「共働きならば家事・育児を平等に分担」という夫のジェンダー平等意識と家事・育児の項目ごとの関連では、とくに、育児項目の「子どもの食事や身のまわりの世話」との関連が強く、ジェンダー平等意識の高い夫ほど、世話をする結果が示された。また、「食事の後片づけ」は、労働通勤時間との関係では関連が示されなかったが、ジェンダー平等意識との関係では、家事項目のなかでもっとも高い関連を示した。時間的に忙しくても意識が高い場合は、担当できる家事項目であると考えられる。

注）重回帰分析は、結果（図の従属変数）に対して、関連する複数の要因（図の独立変数）の影響の大きさや向きを明らかにすることを目的としている。重回帰分析において各要因（独立変数）の影響の大きさは、標準偏回帰係数（$\beta$）で表わされる。$\beta$ がプラスの場合はプラスの要因であり、マイナスの場合はマイナスの要因である。影響の大きさは、$\beta$ の値で示され、値の大きい項目が影響の大きな要因と判断される。さらに、その影響の大きさについて、統計的に有意であると判断された場合、$\beta$ の右肩に＊（アステリスク）がつけられる。また、重回帰分析に用いた要因すべてにより、結果がどの程度を説明されたのかを示す数値が $R^2$ で示される。

　　重回帰分析は、$\beta$ を確認することで要因の影響を確認できるが、本書では、重回帰分析のプロセスを説明するために変数間の相関と偏回帰係数も掲載した。

第**6**章

共働きの夫の仕事から
家庭生活への葛藤

## 第1節　夫の仕事から家庭生活への葛藤についての分析方法

　前章で、夫の家事・育児の遂行頻度は週労働通勤時間に影響を受けることが示された。本章では、仕事が原因で家事・育児に十分に関われないという夫の葛藤を取り上げ、仕事のどのような状況が夫の葛藤に影響しているのかを検討する。

　分析には、Schieman et al.（2009：969-74）の作成した枠組みで、仕事が仕事以外の活動の妨げになる要因に関する枠組みを参考にする。Schieman et al. は、仕事が仕事以外の活動への妨げとなる要因について、仕事に関連した資源＝仕事以外の活動への妨げを抑制する仕事の資源と、仕事に関連した要求＝仕事以外の活動を妨げる仕事の要求を取り上げ、そのほかに、年齢、人種、性別、教育、職業上の地位などを含めて分析の枠組みを作成している。

　Schieman et al. の分析は、まず、「仕事が仕事以外の活動の妨げになっている（仕事以外の活動への仕事からの妨害）」を従属変数としている。その尺度は、「どのくらいの頻度であなたの家庭生活を妨げているか」、「どのくらいの頻度であなたの社会的活動や余暇活動を妨げているか」、さらに「どのくらいの頻度で仕事以外のときに仕事のことを考えているか」を尋ねている。独立変数となる仕事に関連した資源については、スケジュール調整、仕事のペースの調整、職権、仕事の自律性、意思決定の範囲、仕事のスキル、職場の支援、そして所得を取り上げている。仕事からの要求では、対人関係の葛藤、仕事の有害さ、仕事の不安定さ、仕事の退屈さ、仕事のプレッシャー、そして長時間労働を取り上げている。なお、仕事のプレッシャーは、通常勤務では消化しきれない量の仕事を与えられることを尋ねている。

　本章では、この Schieman et al. の枠組みの「仕事が仕事以外の活動の妨げになっている」という状態については、夫の「仕事から家庭生活への葛藤」という変数を採用して従属変数にする。仕事と家庭生活との間の葛藤（work-family conflict）については、Greenhaus and Beutell（1985：77）に

よれば、仕事領域と家庭領域からの役割の重圧が、いくつかの点で相互に相容れないような役割間の葛藤の一形態とされる。すなわち、家庭役割に関与することによって、仕事役割に関与することがより困難になる、または、仕事役割に関与することによって、家庭役割に関与することがより困難になることであるとされる。

　日本では、前者については、ワーク・ファミリー・コンフリクト（WFC）、後者についてはファミリー・ワーク・コンフリクト（FWC）とも表記しているが、前者について検討する本章においては、「仕事から家庭生活への葛藤」を示すことにする。そして、「仕事から家庭生活への葛藤」に対し、仕事に関連した資源および仕事に関連した要求のどのような要因が影響しているのかの検討を行う。要因分析については、資源モデル、要求モデルの２つのモデルを作成し、重回帰分析を行う。データは、第５章で紹介した「子育てと仕事の両立に関する調査」の 726 票のデータを用いる。

　さらに、仕事から家庭生活への葛藤について、松田（2006b：9）によれば、米国のジェンダー役割見解では、個人は伝統的な役割領域に費やす時間の負担感は少なく、男性であれば、仕事の時間が長いことが両立の葛藤を生じさせることは少ないが、家事時間が長くなることは葛藤を強く生じさせるとされる。この見解を敷衍すれば、伝統的な性役割意識が強い場合には、実際の家事・育児への関与が低くても、仕事から家庭生活に対する葛藤の程度は低いと考えられる。そこで、第３節では、夫の家事・育児遂行頻度と性役割意識を組み合わせたグループを作成し、一元配置の分散分析でグループの葛藤の程度を比較し、性役割意識との関係を確認する。本章では、夫の性役割意識として、夫の仕事優先意識を用いる。

## 第2節　夫の仕事から家庭生活への葛藤に影響する要因

### 1．仮説の設定

仮説の設定について、「夫の仕事から家庭生活への葛藤」を従属変数とし

て、Schieman, et al. の取り上げている変数を独立変数とした。資源モデル
は、仕事以外の活動の妨げを抑制する仕事の資源の値が高い場合は、葛藤
の程度は低くなる。要求モデルは、仕事以外の活動を妨げる要求の値が高
い場合は葛藤の程度が高くなる、という仮説が設定できる。さらに、松田
（2006b：12）の「家事・育児時間が長ければWFCが低下」するという先
行研究をもとに、実際の夫自身の家事・育児遂行頻度が高い場合には、葛藤
の程度が低いという仮説を設定した。具体的な変数の設定は、次の項で説明
する。

## 2.データと変数

### （1）データ

データは、第5章に示されたとおりで、726票を分析対象とした。本章の
分析では、すべて夫の回答を使用した。

### （2）変数について

従属変数である「夫の仕事から家庭生活への葛藤」という項目は、松田
（2006b：12）を参考にして、「仕事が忙しく、子どもとゆっくり過ごせな
い」、「仕事が忙しく、家事をする時間が少なくなっている」、「家でも仕事の
ことを考えてしまい、家族としっかり向き合えない」の3項目を取り上げ
た。4件法で回答を得て、「あてはまらない」を1点、「あまりあてはまらな
い」を2点、「ややあてはまる」を3点、「あてはまる」を4点と得点化し、
因子分析にて一因子構造であることを確認し、合計点を算出して合成変数を
作成した（$\alpha$ =.753）。なお、松田はWFCについて、9項目の質問項目を設
定し変数の検討を行っているが、本調査では、調査票の関係で3項目の質問
で変数を作成している。

　独立変数については、資源モデルと要求モデルの2つのモデルを作成し
た。Schieman et al. が取り上げたさまざまな変数で重回帰分析のモデルの作
成を試みた。独立変数間での相関は強くないほうが望ましいが、Schieman,
et al. の取り上げている変数間では相関が強い関係もあるため、VIF値、標

準偏回帰係数と相関係数の符号、$R^2$ の変化量を確認し、多重共線性の問題
が生じない変数を取り上げて、分析モデルを作成した。また、ダービン・ワ
トソン比で残差の正規性を確認し、資源モデル、要求モデルのいずれも残差
はランダムである可能性が高いと考えられるので、以下の変数で重回帰分析
を行った。なお、複数項目で合成変数を作成した項目については、因子分析
にて一因子構造であることを確認したうえで変数を作成した。

　仕事に関わる資源についてのモデルでは、まず、Schieman et al. の仕事
のペースの調整の項目を参考に、「仕事の時間や仕事量は自分の裁量で調整
しやすい」、「子どもの急な病気での休み・遅刻・早退も、問題なくできる」、
「有給休暇は、ほぼ希望どおりに取れる」の 3 項目を取り上げた。4 件法で
回答を得て、「あてはまらない」を 1 点、「あまりあてはまらない」を 2 点、
「ややあてはまる」を 3 点、「あてはまる」を 4 点と得点化し、合計点を算出
して合成変数を作成した（$\alpha$ =.704）。変数名は「夫の仕事の資源（仕事の
時間や量の調整）」とした。

　次に、スケジュール調整の項目については、Schieman et al. は、仕事の
始業時間と終業時間の決定権について尋ねているので、本調査でも、「残業
が少なく，ほぼ時間どおりに仕事を終えることができる」という質問項目を
取り上げた。この項目も 4 件法で回答を得て、上記同様に 1 点から 4 点まで
得点を与えた。変数名は、「夫の仕事の資源（時間どおりに勤務終了）」とし
た。

　さらに、夫の年収を取り上げ、変数名は「夫の仕事の資源（収入）」とし
た。「夫の年収」は、ほぼ 100 万円刻みのカテゴリーで尋ね、200 ～ 300 万
円未満は中間値 250 万円というように設定した。200 万円未満については
直前の数値間隔を用いて 150 万円とし、800 ～ 1,000 万円未満は 900 万円、
1,000 ～ 1,200 万円とそれ以上は 1,100 万円と設定し、単位を 100 万円とする
数値にした。

　仕事に関する要求についてのモデルでは、まず、対人関係の葛藤として、
「子どものことで休んだりすると，上司が嫌味や苦情を言う」、「子どものこ
とで休んだりすると、同僚が嫌味や苦情を言う」という 2 項目を取り上げ

116

た。これらの項目も4件法で回答を得て、仕事に関わる資源の変数同様に得点化し、合計点を算出して、合成変数を作成した（α =.816）。変数名は「夫の仕事の要求（上司や同僚からの嫌み）」とした。

　仕事のプレッシャーとしては、「職場には残業をするのが当然という雰囲気がある」、「残業をしなければ終わらない仕事量である」という2項目を取り上げた。これまでの項目と同様に4件法で回答を得て得点化し、合計点を算出して合成変数を作成した（α =.772）。変数名は「夫の仕事の要求（仕事のプレッシャー）」とした。

　さらに、「週労働通勤時間」を取り上げた。変数名は「夫の仕事の要求（週労働通勤時間）」とした。

　また、実際の家事・育児への関わりが葛藤に影響を与えると考えられるので、その影響を取り上げた。第5章で用いた夫の家事遂行頻度と育児遂行頻度は、表5-3で確認したとおり相関が非常に強いので、2つの合成変数をそのまま投入せずに、家事と育児の各5項目から、妻の遂行頻度の高い各2項

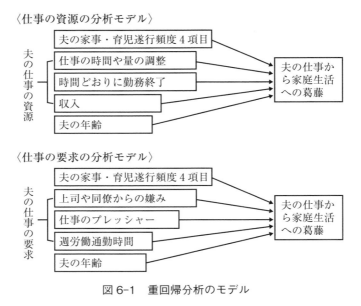

図6-1　重回帰分析のモデル

目について夫の回答を取り上げ1つの変数にまとめた。家事項目について
は、「食事の準備・調理」、「食事の後片づけ（食器洗い）」の項目で、育児項
目は、「子どもの食事や身のまわりの世話」、「子どもの遊びや話しの相手を
する」の2項目である。以上の夫の回答4項目を用いて合計点を算出し、合
成変数を作成した（$\alpha$ =.702）。変数名は第5章の変数と区別するために「夫
の家事・育児遂行頻度4項目」とした。

　コントロール変数としては「夫の年齢」を取り上げた。分析モデルは図
6-1に示したとおりである。分析に用いるデータについて、欠損値について
は平均値を代入した。統計ソフトはSPSS Ver.27を用いた。

## 3．分析結果

### （1）変数の記述統計量と変数間の相関

　重回帰分析に用いる変数の平均値、標準偏差、範囲は、表6-1のとおりで
ある。合成変数を作成した各項目の平均値、標準偏差については表6-2とし
て示した。また、「夫の家事・育児遂行頻度4項目」の各項目の数値につい
ては第5章第3節で示したとおりである。

　「夫の仕事から家庭生活への葛藤」の平均値は7.49点で、1項目平均2.5
点である。得点が高いほど葛藤の程度が高い。「夫の家事・育児遂行頻度4

表 6-1　変数の記述統計量 （$N$=726）

|  | 平均値 | 標準偏差 | 範囲 |
|---|---|---|---|
| 夫の仕事から家庭生活への葛藤 | 7.49 | 2.28 | 3-12 |
| 夫の家事・育児遂行頻度4項目 | 10.72 | 3.52 | 4-20 |
| 夫の仕事の資源（仕事の時間や量の調整） | 7.28 | 2.45 | 3-12 |
| 夫の仕事の資源（時間どおりに勤務終了） | 1.89 | 0.99 | 1-4 |
| 夫の仕事の資源（収入、単位：100万円） | 5.41 | 2.00 | 1.5-11 |
| 夫の仕事の要求（上司や同僚からの嫌み） | 3.25 | 1.53 | 2-8 |
| 夫の仕事の要求（仕事のプレッシャー） | 5.78 | 1.87 | 2-8 |
| 夫の仕事の要求（週労働通勤時間） | 59.06 | 11.36 | 22-100 |
| 夫の年齢 | 37.17 | 5.43 | 19-61 |

表6-2　合成変数の内訳（各項目の記述統計量）(*N*=726)

| 合成変数　　　　　　　　　各項目 | 平均値 | 標準偏差 |
|---|---|---|
| **夫の仕事から家庭生活への葛藤** | | |
| 　　仕事が忙しく、子どもとゆっくり過ごせない | 2.68 | 0.94 |
| 　　仕事が忙しく、家事をする時間が少なくなっている | 2.75 | 0.96 |
| 　　家でも仕事のことを考えてしまい、家族としっかり向き合えない | 2.06 | 0.89 |
| **夫の仕事の資源（仕事の時間や量の調整）** | | |
| 　　仕事の時間や仕事量は自分の裁量で調整しやすい | 2.31 | 1.03 |
| 　　子どもの急な病気での休み・遅刻・早退も、問題なくできる | 2.45 | 0.98 |
| 　　有給休暇は，ほぼ希望どおりに取れる | 2.53 | 1.09 |
| **夫の仕事の要求（上司や同僚からの嫌み）** | | |
| 　　子どものことで休んだりすると、上司が嫌味や苦情を言う | 1.72 | 0.90 |
| 　　子どものことで休んだりすると、同僚が嫌味や苦情を言う | 1.53 | 0.77 |
| **夫の仕事の要求（仕事のプレッシャー）** | | |
| 　　職場には残業をするのが当然という雰囲気がある | 2.74 | 1.07 |
| 　　残業をしなければ終わらない仕事量である | 3.04 | 1.00 |

注）いずれも範囲は1-4

項目」の平均値は 10.72 点で、1 項目平均 2.7 点ある。「夫の仕事の資源（仕事の時間や量の調整）」の平均値は 7.28 点で、1 項目平均 2.4 点で、得点が高いほど調整しやすい。「夫の仕事の資源（時間どおりに勤務終了）」の平均値は 1.89 点で、他の項目に比べ得点が低く、時間どおりに勤務が終了しない夫が多いことが示されている。「夫の仕事の資源（収入）」の平均は 541 万円である。「夫の仕事の要求（上司や同僚からの嫌み）」の平均値は 3.25 点で、1 項目あたり 1.6 点と低い値である。「夫の仕事の要求（仕事のプレッシャー）」の平均値は 5.78 点で、1 項目あたり 2.9 点と高くなっており、仕事量が多い夫が多いことが示されている。「夫の仕事の要求（週労働通勤時間）」の平均値は 59.06 時間である。そして「夫の年齢」の平均は 37.17 歳である。

　変数間の相関を確認しておくと、表 6-3 のとおりである。「夫の仕事から家庭生活への葛藤」と独立変数の関係をみると、「夫の家事・育児遂行頻度

表 6-3　変数の相関行列 (N=726)

| | 1 | 2 | 3 | 4 | 5 | 6 | 7 | 8 |
|---|---|---|---|---|---|---|---|---|
| 1. 夫の仕事から家庭生活への葛藤 | – | | | | | | | |
| 2. 夫の家事・育児遂行頻度4項目 | -.38** | – | | | | | | |
| 3. 夫の仕事の資源（仕事の時間や量の調整） | -.38** | .29** | – | | | | | |
| 4. 夫の仕事の資源（時間どおりに勤務終了） | -.54** | .34** | .45** | – | | | | |
| 5. 夫の仕事の資源（収入） | .06 | .00 | .14** | -.07 | – | | | |
| 6. 夫の仕事の要求（上司や同僚からの嫌み） | .19** | -.12** | -.43** | -.14** | -.16** | – | | |
| 7. 夫の仕事の要求（仕事のプレッシャー） | .49** | -.27** | -.38** | -.67** | .09* | .23** | – | |
| 8. 夫の仕事の要求（週労働通勤時間） | .39** | -.25** | -.26** | -.46** | .07* | .12** | .42** | – |
| 9. 夫の年齢 | .01 | -.06 | .01 | .08* | .32** | .03 | -.08* | -.01 |

*$p$ <.05、**$p$ <.01

注) 相関係数はSpearmanの順位相関係数（ロー、$\rho$）
　　各変数の中央値（第1四分位点-第3四分位点）は次のとおり。
　　1. 8 (6-9)、2. 10 (8-13)、3. 7 (5-9)、4. 2 (1-3)、5. 5.5 (4.5-6.5)、
　　6. 3 (2-4)、7. 6 (4-8)、8. 58.33 (50.79-65.00)、9. 37 (33-40)

4項目」は有意の負の相関を示し、「夫の仕事の資源（仕事の時間や量の調整）」、「夫の仕事の資源（時間どおりに勤務終了）」ともに、有意の負の相関を示している。しかし、「夫の仕事の資源（収入）」と葛藤との相関は有意ではない。

　「夫の仕事の要求（上司や同僚からの嫌み）」、「夫の仕事の要求（仕事のプレッシャー）」、さらに、「夫の仕事の要求（週労働通勤時間）」は、ともに「夫の仕事から家庭生活への葛藤」と有意な正の相関を示している。夫の年齢と葛藤とは有意な相関は示されていない。

　独立変数間の相関は比較的高い値となっているが、相関が強い場合に生じる多重共線性の問題は、先述したとおり生じてはいないので、これらの変数を分析に投入した。なお、表中の資源モデルの変数3、4と要求モデルの変数6、7、8の相関では、高い値を示しているが、分析モデルに示したとおり、同時には投入していない。

## (2) 重回帰分析の結果

「夫の仕事から家庭生活への葛藤」を従属変数にした重回帰分析の結果は表6-4のとおりである。資源モデルについては、「夫の家事・育児遂行頻度4項目」は「仕事から家庭生活への葛藤」に有意に関連しており、頻度が高いほど、葛藤の程度は低くなる（$\beta$ =-.182、$p$<.001)。「夫の仕事の資源（仕事の時間や量の調整)」は、調整しやすいほど葛藤の程度は有意に低い（$\beta$ =-.169、$p$<.001)。「仕事の資源（時間どおりに勤務終了)」も時間どおりに終了できるほど、葛藤の程度は有意に低い（$\beta$ =-.395、$p$<.001)。夫の年収と、夫の年齢は葛藤との有意な関係はみられない。家庭生活の活動への妨げを抑制する仕事の資源は、葛藤の程度を低くすることが示された。

要求モデルの場合も資源モデルと同様に、「夫の家事・育児遂行頻度4項目」は葛藤に有意に関連しており、頻度が高いほど葛藤の程度は低くなる（$\beta$ =-.215、$p$<.001)。「夫の仕事の要求（上司・同僚からの嫌み)」は、得点が高いほど葛藤の程度が高くなったが、それほど強い関係ではない（$\beta$

表6-4　夫の仕事から家庭生活への葛藤の重回帰分析結果
（偏回帰係数 $B$、標準偏回帰係数 $\beta$）（$N$=726)

|  | 資源モデル | | 要求モデル | |
|---|---|---|---|---|
|  | $B$ | $\beta$ | $B$ | $\beta$ |
| （定数) | 11.232 |  | 3.893 |  |
| 夫の家事・育児遂行頻度4項目 | -.118 | -.182*** | -.139 | -.215*** |
| 夫の仕事の資源（仕事の時間や量の調整) | -.157 | -.169*** |  |  |
| 夫の仕事の資源（時間どおりに勤務終了) | -.910 | -.395*** |  |  |
| 夫の仕事の資源（収入) | .048 | .042 |  |  |
| 夫の仕事の要求（上司や同僚からの嫌み) |  |  | .110 | .074* |
| 夫の仕事の要求（仕事のプレッシャー) |  |  | .420 | .344*** |
| 夫の仕事の要求（週労働通勤時間) |  |  | .035 | .176*** |
| 夫の年齢 | .003 | .008 | .006 | .013 |
| $F$ 値 |  | 76.627*** |  | 71.259*** |
| $R^2$ |  | .347 |  | .331 |
| 調整済 $R^2$ |  | .343 |  | .326 |

*$p$ <.05、**$p$ <.01、***$p$ <.001,

=.074、$p<.05$)。「夫の仕事の要求（仕事のプレッシャー）」は葛藤に強く関係しており（$\beta$ =-.344、$p<.001$)、残業をするのが当然という職場の雰囲気や、残業をしなければ終わらない仕事量は、葛藤の程度を高めることが示されている。さらに、「夫の仕事の要求（週労働通勤時間）」も時間が長いほど葛藤の程度が高いという結果となった（$\beta$ =.176、$p<.001$)。夫の年齢については有意な関係は認められない。仕事の要求は葛藤の程度を高くすることが示された。

## 第3節　夫の仕事優先意識と仕事から家庭生活への葛藤

### 1. データ、変数、および分析枠組み

データは、第5章に示されたとおりで、726票を分数分析の対象とする。

変数の「夫の仕事から家庭生活への葛藤」は、重回帰分析で用いた変数を用いる。「夫の家事・育児遂行頻度4項目」は変数の点数で対象者を二分し、頻度低グループ（4-10点）と頻度高グループ（11-20点）を作成した。「夫の仕事優先意識」は、「子どもができたら、男性は，妻子を養うために一層仕事に集中したほうがよい」という項目を取り上げ、夫の回答の「そう思わない」を1点、「どちらかといえばそう思わない」を2点とし、1～2点を意識低グループとし、「どちらかといえばそう思う」を3点と「そう思う」を4点とし、3～4点を意識高グループとし、2つのグループを作成した。

さらに、家事・育児遂行頻度の2グループと仕事優先意識の2グループを組み合わせ、「Ⅰ　頻度低意識低グループ」「Ⅱ　頻度低意識高グループ」「Ⅲ　頻度高意識低グループ」「Ⅳ　頻度高意識高グループ」を作成した。以上の4グループの関係は図6-2のとおりである

分散分析に用いるグループの人数、各グループの「夫の家事・育児遂行頻度4項目」の平均値、「夫の仕事優先意識」の平均値、さらに「夫の仕事から家庭生活への葛藤」の平均値は、表6-5のとおりである。夫の家事・育児遂行頻度が低く、仕事優先意識が低い「Ⅰ　頻度低意識低グループ」の「夫

の家事・育児遂行頻度4項目」の平均値は8.15点、「夫の仕事優先意識」の平均値は1.80点、「夫の仕事から家庭生活への葛藤」の平均値は8.00点である。「Ⅱ　頻度低意識高グループ」はそれぞれ、7.66点、3.27点、8.33点、「Ⅲ　頻度高意識低グループ」は、13.77点、1.72点、6.65点、そして「Ⅳ　頻度高意識高グループ」は13.41点、3.26点、6.93点である。

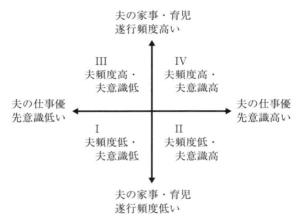

図6-2　夫の家事・育児遂行頻度と仕事優先意識
とを組み合わせて作成した4グループ

表6-5　各グループの人数、および夫の家事・育児遂行頻度、
夫の仕事優先意識、夫の葛藤の平均値

|  | 全体 | Ⅰ夫の頻度低・夫の意識低 | Ⅱ夫の頻度低・夫の意識高 | Ⅲ夫の頻度高・夫の意識低 | Ⅳ夫の頻度高・夫の意識高 |
|---|---|---|---|---|---|
| 人数（人） | 726 | 153 | 211 | 185 | 177 |
| 夫の家事・育児遂行頻度4項目の平均値（点） | 10.72 | 8.15 | 7.66 | 13.77 | 13.41 |
| 夫の仕事優先意識の平均値（点） | 2.56 | 1.80 | 3.27 | 1.72 | 3.26 |
| 夫の仕事から家庭生活への葛藤の平均値（点） | 7.49 | 8.00 | 8.33 | 6.65 | 6.93 |

注）「夫の仕事優先意識」の標準偏差は.877、範囲は1-4、それ以外の変数は、すでに第2節
で示している。

## 2.　分析結果

　一元配置の分散分析の結果は、図6-3のとおりで有意差がみられる。多重比較では、「夫の家事・育児遂行頻度4項目」の得点が低い「Ⅰ　頻度低意識低グループ」と「Ⅱ　頻度低意識高グループ」は、「夫の家事・育児遂行頻度4項目」の得点の高い「Ⅲ　頻度高意識低グループ」と「Ⅳ　頻度高意識高グループ」よりも、葛藤の得点が有意に高い結果となった。そして、「仕事優先意識」の高低で分けた「Ⅰ　頻度低意識低グループ」と「Ⅱ　頻度低意識高グループ」との間、さらに、「Ⅲ　頻度高意識低グループ」と「Ⅳ　頻度高意識高グループ」の間には、有意な差がみられない。したがって仕事優先意識と、夫の葛藤との間には有意な関係はみられない。

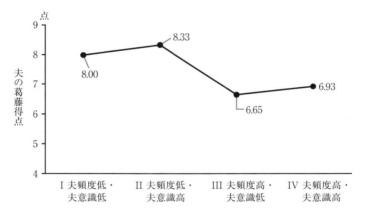

図 6-3　夫の家事・育児遂行頻度と夫の仕事優先意識の
グループ別にみた夫の仕事から家庭生活への葛藤

　注）一元配置の分散分析結果：等分散の検定 $p>.05$
　　　分散分析の $F(3,722)=26.849(p<.001)$
　　　4グループの多重比較（Bonferroni法による）：
　　　　　Ⅰ、Ⅱ＞Ⅲ、Ⅳ（$p<.001$）、Ⅰ＜Ⅱ（n.s.）、Ⅲ＜Ⅳ（n.s.）

## 第4節　考察とまとめ

　本章では、まず、Schieman, et al. の仕事が仕事以外の活動の妨げになる
要因に関する枠組みを参考にして、「夫の仕事から家庭生活への葛藤」に、
仕事の資源と仕事の要求がどのように影響するのかを検討した。重回帰分析
では資源モデル、要求モデルを作成し、それぞれのモデルごとの分析を行っ
た。資源モデルでは、「仕事の時間や量の調整」がしやすい、「時間どおりに
勤務終了」する場合には、「夫の仕事から家庭生活への葛藤」の程度は低い
ことが示された。要求モデルでは、「上司・同僚からの嫌みや苦情を言われ
る」、「仕事のプレッシャー」すなわち、残業をするのが当然、という職場の
雰囲気や、残業をしなければ終わらない仕事量がある場合、さらに「週労働
通勤時間」が長い場合は、「夫の仕事から家庭生活への葛藤」の程度が高い
ことが示された。また、どちらの回帰モデルでも、家事・育児遂行頻度が高
い場合は、葛藤の程度が低くなることが確認できた。

　そして、夫の「仕事優先意識」という性役割意識が強い場合には、実際の
家事・育児遂行頻度が低くても、仕事から家庭生活への葛藤の程度は低いと
いう仮説をたて、一元配置の分散分析を行ったが、「仕事優先意識」が高い
グループでも家事・育児遂行頻度が低い場合には、葛藤の程度が高いことが
示された。すなわち、「子どもができたら、男性は、妻子を養うために一層
仕事に集中したほうがよい」と思っていても、家事・育児の遂行頻度が低い
場合には、仕事から家庭生活への葛藤が高いことが示された。

# 第7章

## 共働きの夫の家事・育児分担
## に対する妻の評価

## 第1節　夫の家事・育児分担に対する妻の評価への着目

　男性の家事・育児分担は、第3章でも確認したとおり、まだまだ分担の程度は低いのが現状である。家事・育児分担の男女の不均衡に対しては、不公平感をもつ妻もいる一方、不公平感を感じない妻もいることが、家事・育児分担の研究の論点の一つとなってきた。Sanchez and Kane（1996：359）は、1996年の論文で、家事分担への妻の不公平感に関する研究が独立した研究論題となっていることを指摘し、とくに、1989年のホックシールドの著作（1989=1990）は、その後の研究に影響を与えたとされる。ホックシールドによれば、平等型ジェンダー・イデオロギーの妻の場合は、夫の実際の家事・育児分担量は、他の夫婦と比較して評価されるべきではなく、妻の理想の分担と比較して判断されるべきだと考えている（同：76）。一方、伝統型の妻の場合は、経済的に共働きをせざるを得ない状況にあるものの、夫の家事分担は妻自身の落ち度であり、少なければ少ないほど誇らしい気持ちになるとする（同：105）。

　このように、夫の家事分担に対する妻の評価には、妻のジェンダー・イデオロギーが関連していることを指摘した。さらに、ホックシールドは、平等な結婚か、安定した結婚かの厳しい選択を迫られる女性は、夫への対等な分担を求めて夫婦関係を破たんさせて貧困に陥るよりも、その事態を避けるために、公平な分担をしていると自分自身を信じ込ませているとし（同：47）、妻の経済的状況の予測が、家事分担の評価に影響することを指摘した。

　夫の家事・育児分担の現状と妻の評価についての研究は、不公平感というキーワードで、不公平感の要因分析の研究が進められてきた。岩間（1997：67）によれば、不公平感の要因についての理論的枠組みとしては、夫婦間の現実の分担とともに、家事分担についての妻の価値観に注目した「公平価値論」、夫婦間の勢力関係に着目した「勢力論」、そして、夫婦間の家庭内外での財の交換に焦点をあてた「衡平理論」に整理できるとした。また、不破・筒井（2010：53）は、「経済資源論」、「時間的制約論」、および「ジェンダー

理論」として要因をまとめ、加えて、伝統的社会通念などの社会レベルの要因を指摘した。

　岩間の取り上げた、夫の家事・育児の実際の分担状況が高ければ、妻の不公平感が低いという要因は、岩間自身の調査結果の分析（1997：72-3）においても確認されている。また、この実際の分担状況という要因については、先の Sanchez and Kane（1996：375）の研究でも支持されている。さらに、日本の「第 4 回全国家庭動向調査」（国立社会保障・人口問題研究所 2011：21）の結果でも、夫の家事・育児遂行の得点が高いほど、夫の家事・育児に対する妻の評価が高いことが示されている。

　次に、岩間の整理した「公平価値論」は、夫婦間の公平な分担を求める女性ほど不公平を感じるというものであり、岩間の研究（1997：53）では、その理論が支持されている。この理論は、不破・筒井が紹介しているジェンダー理論とも共通しており、妻が伝統的ジェンダー・イデオロギーをもつ場合は、妻の不公平感は弱いという理論である。ジェンダー理論で、しばしば引き合いに出される研究は、先述のホックシールドの研究であり、その研究の影響を受けた Milkie et al.（2002：33-4）の研究は、父親の実際の子育ての分担が、分担すべきであると母親が考えている分担よりも低い場合には、母親の不公平感が高くなることを明らかにした。

　夫婦間の勢力関係に着目した「勢力論」は、岩間によれば、勢力の弱い妻は、実際の分担を変更することが困難なために、問題を主観的に解決しようとして不公平感をもたなくするというものである。これは、不破・筒井の「経済資源論」と共通する理論であり、結婚を解消することにより経済的状況が悪化すると予測する妻の場合は、分担に対する不公平感が弱いというものである。先のホックシールドの指摘にも通じるもので、Lennon and Rosenfield（1994：521-3）では、結婚外の生活のほうが、経済的に悪化すると考える妻のほうが不公平感が弱いという結果を得ている。

　夫婦間の家庭内外での財の交換に焦点をあてた岩間の「衡平理論」は、夫の地位の高さが妻の不公平感を緩和するというもので、夫の高い地位への満足感が夫の分担の低さへの不満を抑える働きがあるというものである。岩間

自身の研究（1997）でも夫の収入が高い場合は、不公平感が緩和されるという結果を得ている。Demaris and Longmore（1996：1061-4）の研究でも、夫の有償労働への貢献が高い場合に妻の不公平感が低いことを示している。

　次に、妻の仕事と家庭の葛藤が分担の不公平感につながるという不破・筒井の「時間的制約理論」については、Braun et al.（2008：1154）で、妻の労働時間が増えて妻の家事時間が不十分な状態に直面すると、分担の不公平を妻が知覚するとしている。

　このように、妻の評価にはさまざまな要因が関わっていることが先行研究で示されている。次節では第5章、第6章で分析に用いた対象者について、どの要因が支持されるかを重回帰分析によって確認する。さらに、第3節で妻のジェンダー意識と夫の実際の家事・育児分担を組み合わせて、評価への複合的な関係を検討する。

　なお、本章では、「不公平感」ではなく「評価」という尺度を用いる。その理由は、ホックシールドが「評価」という用語を用いていることとともに、第3章の「社会生活基本調査」にも示されているように、あまりにも分担の現状が不公平であるからである。すでに Wunderink and Niehoff（1997）が国際比較を行った際、日本の場合は男女の家事・育児分担が際立って不公平な実態であるにもかかわらず、それが意識に表れていないことが指摘されており、「不公平感」よりも「評価」のほうが示しやすいと考える。

## 第2節　夫の家事・育児分担に対する妻の評価に影響をおよぼす要因

### 1．仮説の設定

　本節では、まず、前節の先行研究の検討をふまえ、夫の家事・育児分担に対する妻の評価に影響をおよぼす要因について、以下の仮説を設定した。

　第1に、「夫の家事・育児遂行頻度」が高い場合には、先行研究同様に、夫の家事・育児分担に対する妻の評価が高いと考えられる。

　第2に、結婚を解消することにより経済的状況が悪化すると予測する妻の

場合は、分担に対する不公平感が弱いという「経済資源理論」に従い、妻の就業形態を取り上げ、妻が非正規雇用の場合は経済的に不安定であり、夫との衝突を避ける傾向にあり、夫の分担への評価が高いと考えられる。

　第 3 に、女性が非伝統的なジェンダー・イデオロギーをもっているときに、不公平感が高くなるという「ジェンダー理論」に従い、「男性の育児分担を支持する意識」が高い妻のほうが夫の家事・育児分担への評価は低いと考えられる。本研究では、育児期にある夫の家事・育児遂行頻度を対象としているため、ジェンダー意識として、小笠原（2009：37）を参考にして、「男性の育児分担を支持する意識」を取り上げる。

　小笠原は、男性の性別役割分業意識について、仕事という伝統的役割の委譲と、家事・育児という非伝統的役割の獲得にどのような態度をとるのかによって、男性を 3 パターンに分類した。本章では、3 パターンのうちの男性の伝統的役割の委譲と、非伝統的役割の獲得のいずれに対しても容認的な型である、「仕事をセーブし育児責任を分担するパターン」に注目した。そのパターンを支持する妻の意識を「男性の育児分担を支持する妻の意識」とした。

　第 4 に、妻の仕事と家庭の葛藤が分担の不公平感につながるという「時間的制約理論」に従い、「仕事から家庭生活への葛藤」の程度が高い場合に、夫の家事・育児分担に対する妻の評価が低いと考えられる。

　第 5 に、夫の地位の高さが妻の不公平感を緩和するという「衡平理論」に従い、「夫の収入」が高い場合に妻の評価が高いと考えられる。

## 2.　データと変数

### （1）データ

データは、第 5 章に示されたとおりであり、726 票を分析対象とした。

### （2）変数

　従属変数となる「夫の家事・育児分担への妻の評価」については、第 1 章で紹介した天野（1978：166）の家事労働の 3 分類（生活手段を整える労

働、サービス労働、家政管理労働）や、ホックシールド（1989＝1990：404-5）の家事、育児（身体的な世話と子どもの教育に分類）、家庭生活の管理の3分類を参考にした。

　まず、家事・育児の手段的な役割への関与として「夫は，家事・育児を十分に分担している」の項目を設定し、次に、育児についての情緒的な役割への関与として「夫は，育児について一緒に考えたり心配したりしている」を、そして、管理的な役割への関与として「夫は，家族の行動や予定に気を配っている」の項目を設定した。以上の3項目について4件法で回答を得て、妻票の回答を用いて「そう思わない」を1点、「どちらかといえばそう思わない」を2点、「どちらかといえばそう思う」を3点、「そう思う」を4点と得点化した。因子分析にて一因子構造であることを確認し、合計点を算出して合成変数を作成した（$\alpha$ =.834）。評価が高いほど得点が高くなるように得点化した。

　「夫の家事・育児遂行頻度4項目」は、第6章で作成した変数と同じ変数を用いた。4項目は、夫の回答の家事と育児の各5項目のうち、妻の遂行頻度の高い各2項目である。

　「妻の就業形態」は第5章同様、正規雇用者と非正規雇用者に2分類し、正規雇用者を1、非正規雇用者を0とするダミー変数を作成した。

　「男性の育児分担を支持する妻の意識」は、「男性も仕事のことを多少犠牲にしても、子どもを優先したほうがよい」という質問項目を用いた。4件法で回答を得て、妻の回答について、「そう思わない」を1点、「どちらかといえばそう思わない」を2点、「どちらかといえばそう思う」を3点、「そう思う」を4点と得点化した。

　「妻の仕事から家庭生活への葛藤」については、松田（2006b：12）の葛藤項目を参考に、妻の回答の「仕事が忙しく、子どもとゆっくり過ごせない」、「仕事が忙しく、家事をする時間が少なくなっている」、「家でも仕事のことを考えてしまい、家族としっかり向き合えない」の3項目を取り上げた。4件法で回答を得て、「あてはまらない」を1点、「あまりあてはまらない」を2点、「ややあてはまる」を3点、「あてはまる」を4点と得点化し

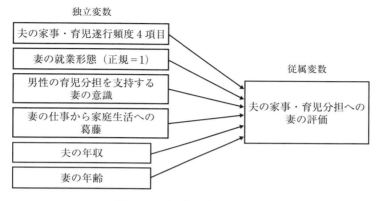

図 7-1　重回帰分析のモデル

た。因子分析にて一因子構造であることを確認し、合計点を算出して合成変数を作成した（ α = .775）。

　「夫の年収」は、第 5 章同様に算出し、単位を 100 万円とする数値で示した。コントロール変数として、「妻の年齢」を投入し、図 7-1 のモデルで分析を行った。

　ＶＩＦ値、偏回帰係数と相関係数の符号、$R^2$ の変化量を確認し、多重共線性の問題が生じていないと考えられ、さらに、ダービン・ワトソン比で残差の正規性を確認し、残差はランダムである可能性が高いと考えられるので、以上の変数で重回帰分析を行った。なお、分析に用いるデータについて、欠損値については平均値を代入した。統計ソフトは SPSS Ver.27 を用いた。

## 3.　分析結果

### （1）変数の記述統計量と変数間の相関

　重回帰分析に用いる変数の平均値、標準偏差、最小値、および最大値は、表 7-1 のとおりである。合成変数を作成した各項目の平均値、標準偏差については表 7-2 に示した。「夫の家事・育児遂行頻度 4 項目」の各項目の数値については第 6 章で示したとおりである。従属変数の「夫の家事・育児分担

表 7-1　変数の記述統計量（*N*=726）

|  | 平均値 | 標準偏差 | 範囲 |
|---|---|---|---|
| 夫の家事・育児分担への妻の評価 | 9.00 | 2.50 | 3-12 |
| 夫の家事・育児遂行頻度4項目 | 10.72 | 3.52 | 4-20 |
| 妻の就業形態（正規＝1のダミー） | 0.63 | 0.48 | 0-1 |
| 男性の育児分担を支持する妻の意識 | 2.69 | 0.84 | 1-4 |
| 妻の仕事から家庭生活への葛藤 | 7.47 | 2.24 | 3-12 |
| 夫の年収（100万円） | 5.41 | 2.00 | 1.5-11 |
| 妻の年齢 | 35.73 | 4.65 | 22-50 |

表 7-2　合成変数の内訳（各項目の記述統計量）（*N*=726）

| 合成変数 | 各項目 | 平均値 | 標準偏差 |
|---|---|---|---|
| 夫の家事・育児分担への妻の評価 | | | |
| | 夫は、家事・育児を十分に分担している | 2.77 | 1.02 |
| | 夫は、育児について一緒に考えたり心配したりしている | 3.22 | 0.89 |
| | 夫は、家族の行動や予定に気を配っている | 3.00 | 0.99 |
| 妻の仕事から家庭生活への葛藤 | | | |
| | 仕事が忙しく、子どもとゆっくり過ごせない | 2.72 | 0.94 |
| | 仕事が忙しく、家事をする時間が少なくなっている | 2.90 | 0.89 |
| | 家でも仕事のことを考えてしまい、家族としっかり向き合えない | 1.84 | 0.87 |

注）いずれも範囲は1-4。

への妻の評価」の平均値は9.0点で、1項目平均3.0点である。独立変数の「夫の家事・育児遂行頻度4項目」の平均値は10.72点で、1項目平均2.7点である。「妻の就業形態」の平均値は0.63である。「男性の育児分担を支持する妻の意識」の平均値は2.69点である。「妻の仕事から家庭生活への葛藤」の平均値は7.47点で、1項目平均2.5点である。「夫の年収」の平均は541万円で、「妻の年齢」の平均は35.7歳である。

　変数間の相関を確認しておくと表7-3のとおりである。「夫の家事・育児分担への妻の評価」と独立変数の関係をみると、「夫の家事・育児遂行頻度」は強い有意の正の相関を示し、「妻の就業形態」も有意の正の相関を示して

表 7-3　変数の相関行列（$N=726$）

|  | 1 | 2 | 3 | 4 | 5 | 6 |
|---|---|---|---|---|---|---|
| 1. 夫の家事・育児分担への妻の評価 | – | | | | | |
| 2. 夫の家事・育児遂行頻度4項目 | .44** | – | | | | |
| 3. 妻の就業形態（正規=1のダミー） | .14** | .20** | – | | | |
| 4. 男性の育児分担を支持する妻の意識 | -.12** | .07* | .07 | – | | |
| 5. 妻の仕事から家庭生活への葛藤 | -.07 | .08* | .22** | .12** | – | |
| 6. 夫の年収 | .03 | .00 | .23** | -.10** | .04 | – |
| 7. 妻の年齢 | -.02 | .00 | .07 | .04 | .10** | .29** |

*$p$ <.05、**$p$ <.01.

注）相関係数はSpearmanの順位相関係数（ロー、$\rho$）
　　各変数の中央値（第1四分位点–第3四分位点）は次のとおり。
　　1. 9（7-11）、2. 10（8-13）、3. 1（0-1）、4. 3（2-3）、5. 8（6-9）、
　　6. 5.5（4.5-6.5）、7. 36（32-39）。

いる。「男性の育児分担を支持する妻の意識」は、有意の負の相関を示している。重回帰に投入する変数間でいくつか有意な相関を示しているが、先述のとおり多重共線性の問題は示されていないので、これらの変数を分析に投入した。

## （2）重回帰分析の結果

「夫の家事・育児分担への妻の評価」を従属変数にした重回帰分析の結果は表 7-4 のとおりである。「夫の家事・育児遂行頻度」は、「夫の家事・育児分担への妻の評価」に有意に正の影響を示し（$\beta$ =.449、$p$<.001）。「妻の就業形態」も正の影響を示した（$\beta$ =.080、$p$<.05）。一方、「男性の育児分担を支持する妻の意識」は、妻の評価に有意に負の影響を示し（$\beta$ =-.156、$p$<.001）、「妻の仕事から家庭生活への葛藤」も、妻の評価に有意に負の影響を示した（$\beta$ =-.110、$p$<.01）。「夫の収入」と「妻の年齢」は、有意な影響が認められなかった。

表 7-4　夫の家事・育児分担への妻の評価についての重回帰分析結果
（偏回帰係数B、標準偏回帰係数β）　（N=726）

| | B | β |
|---|---|---|
| （定数） | 7.557 | |
| 夫の家事・育児遂行頻度4項目 | .318 | .449*** |
| 妻の就業形態（正規=1のダミー） | .416 | .080* |
| 男性の育児分担を支持する妻の意識 | -.468 | -.156*** |
| 妻の仕事から家庭生活への葛藤 | -.123 | -.110** |
| 夫の年収 | .014 | .011 |
| 妻の年齢 | -.004 | -.007 |
| F値 | | 37.806*** |
| R² | | .240 |
| 調整済R² | | .233 |

*p <.05、**p <.01、***p <.001.

## （3）仮説の支持・不支持

「夫の家事・育児遂行頻度」が高い場合には、夫の家事・育児分担への妻の評価が高いという仮説は支持された。

女性が非伝統的なジェンダー観をもっている場合は評価が低くなるという「ジェンダー理論」（岩間の「公平価値論」）の仮説は、「男性の育児分担を支持する妻の意識」という変数を用いて検討し、支持する妻の意識が高いほど評価は低くなり、仮説は支持された。

妻の労働時間が増えて妻が家事・育児の時間が不十分な状態に直面すると、分担の不公平を妻が知覚するという「時間的制約理論」の仮説は、「妻の仕事から家庭生活への葛藤」の程度が高い場合に評価が低いという結果となり、仮説は支持された。

一方、結婚を解消することにより経済的状況が悪化すると予測する妻の場合は、分担に対する不公平感が弱いという「経済資源理論」に従い、妻が非正規雇用の場合は、夫の分担への評価が高いと考えたが、むしろ正規雇用者の評価のほうが高く、仮説は支持されなかった。

夫の高い地位への満足感が夫の分担の低さへの不満を抑える働きがあると

いう「衡平理論」は、「夫の収入」が高いと妻の評価が高いという仮説を設
定したが、有意な影響は認められず、仮説は支持されなかった。

## 第3節　妻のジェンダー意識と妻の評価との関係

### 1．データ、変数、および分析枠組み

　「夫婦の実際の分担状況」と「ジェンダー理論」を組み合わせた仮説を設
定する。先行研究の「夫婦の実際の分担状況」と「ジェンダー理論」を組み
合わせて推測すると、「男性の育児分担を支持する妻の意識」が高いのに対
し、「夫の家事・育児遂行頻度」の程度が低い場合に、妻の評価がもっとも
低い。反対に、妻の意識が低いのに対し、夫の遂行頻度が高い場合に妻の評
価が高くなると予測できる。性別役割分業の実態と意識との組み合わせにつ
いては、松田（2007：125）の手法を参考にグループを作成し、「夫の家事・
育児遂行頻度」の程度と、「男性の育児分担を支持する妻の意識」を組み合
わせて 4 つのグループを作成し分散分析を行う。

　具体的には「夫の家事・育児遂行頻度 4 項目」と「男性の育児分担を支持
する妻の意識」の得点を、それぞれ二分し、組み合わせてグループを作成し
た。夫の遂行頻度が低群で妻の意識も低群を「夫の頻度低・妻の意識低群」
（Ⅰ群）、夫の頻度が低群で妻の意識が高群を「夫の頻度低・妻の意識高群」
（Ⅱ群）、夫の頻度高群で妻の意識が低群を「夫の頻度高・妻の意識低群」
（Ⅲ群）、そして、夫の頻度高群で妻の意識も高群を「夫の頻度高・妻の意識
高群」（Ⅳ群）と名づけた。以上の 4 グループの関係は図 7-2 のとおりであ
る。

　「夫の家事・育児遂行頻度」の得点は、4 ～ 10 点を低群、11 ～ 20 点を高
群とした。「男性の育児分担を支持する妻の意識」については、1 ～ 2 点を
低群、3 ～ 4 点を高群とした。この 2 群を組み合わせた人数と、それぞれの
グループの平均値を示すと、表 7-5 のとおりである。

　「Ⅰ　夫の頻度低・妻の意識低群」の「夫の家事・育児遂行頻度」は、7.82

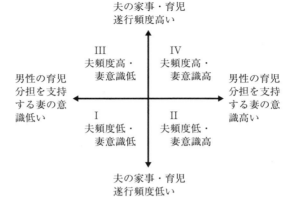

図7-2　夫の家事・育児遂行頻度と男性の育児分担を
支持する妻の意識とを組み合わせて作成した
4グループ

表7-5　各グループの人数、および夫の家事・育児遂行頻度、
妻の意識、妻の評価の平均値

| | 全体 | I 夫の頻度低・妻の意識低 | II 夫の頻度低・妻の意識高 | III 夫の頻度高・妻の意識低 | IV 夫の頻度高・妻の意識高 |
|---|---|---|---|---|---|
| 人数(人) | 726 | 153 | 211 | 132 | 230 |
| 夫の家事・育児遂行頻度4項目の平均値(点) | 10.72 | 7.82 | 7.90 | 13.31 | 13.75 |
| 男性の育児分担を支持する妻の意識の平均値(点) | 2.69 | 1.80 | 3.25 | 1.80 | 3.29 |
| 妻の評価の平均値(点) | 9.00 | 8.79 | 7.59 | 10.09 | 9.80 |

点、「男性の育児分担を支持する妻の意識」は、1.80点、「妻の評価」は、8.79点である。「II　夫の頻度低・妻の意識高群」は、それぞれ7.90点、3.25点、7.59点で、「III　夫の頻度高・妻の意識低群」は、13.31点、1.80点、10.09点で、「IV　夫の頻度高・妻の意識高群」は13.75点、3.29点、9.80点である。

## 2.　分析結果

　一元配置の分散分析の結果は、図 7-3 のとおりである。等分散が仮定され
ないので Welch 法の検定を行った結果、有意差がみられた。「夫の家事・育
児分担への妻の評価」の平均値がもっとも低いグループは「夫の頻度低・妻
の意識高群」（Ⅱ群）である。次に「夫の頻度低・妻の意識低群」（Ⅰ群）、
その次が「夫の頻度高・妻の意識高群」（Ⅳ群）で、もっとも高いグループ
が「夫の頻度高・妻の意識低群」（Ⅲ群）である。

　4 つの群の多重比較については、Ⅰ群は、Ⅱ群、Ⅲ群、およびⅣ群と有意
な差が認められた（いずれも $p<.001$）。Ⅱ群は、Ⅰ群とともにⅢ群、および
Ⅳ群と有意な差が認められた（いずれも $p<.001$）。そしてⅢ群とⅣ群とは、
有意な差が示されなかった。すなわち、多重比較の結果は、夫の遂行頻度が
高い群（Ⅲ群、Ⅳ群）と夫の遂行頻度が低い群（Ⅰ群、Ⅱ群）の間に有意な
差が認められ、夫の遂行頻度が高い群のほうが、妻の評価は高い。さらに、
夫の遂行頻度が低い群間（Ⅰ群とⅡ群）においては、「男性の育児分担を支

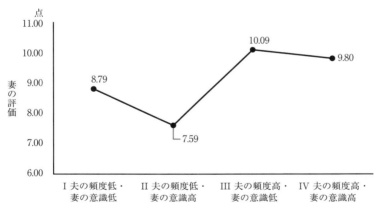

図 7-3　夫の家事・育児遂行頻度と妻の意識グループ別にみた妻の評価得点
　注）Welch の修正分散分析結果：$F(3, 368.901)=41.969 (p<.001)$
　　　4 グループの多重比較も等分散が仮定されないので、Tamhane の T2（M）の検
　　　定による：　Ⅰ，Ⅱ＜Ⅲ，Ⅳ $(p<.001)$、Ⅰ＞Ⅱ $(p<.001)$、Ⅲ＞Ⅳ (n.s.)

持する妻の意識」による有意な差が認められる。妻の意識が高いほうが夫の
分担に対する妻の評価が低く、Ⅱ群の妻の評価がもっとも低い。一方、夫の
遂行頻度が高い群間（Ⅲ群とⅣ群）については、意識が高い群で評価が低い
ものの、有意な関係は認められない。

　以上の結果より、「男性の育児分担を支持する妻の意識」は高いが、実際
の「夫の家事・育児遂行頻度」が低い場合に、夫の分担に対する妻の評価が
低くなるという仮説は支持された。しかし、夫の遂行頻度が高い場合には、
「男性の育児分担を支持する妻の意識」は、妻の評価との有意な関係はみら
れない。

## 第4節　考察とまとめ

　本章では、夫の家事・育児分担への妻の不公平感についての研究の知見を
援用して、「夫の家事・育児分担への妻の評価」に影響する要因を分析した。
分析の結果、「夫の家事・育児遂行頻度」は妻の評価に影響し、頻度が低い
場合は、「夫の家事・育児分担への妻の評価」は低く、実態が妻の評価に反
映されている。妻のジェンダー意識である「男性の育児分担を支持する妻の
意識」が高い場合は、妻の評価が低く、「ジェンダー理論」（岩間の「公平価
値論」）が支持された。そして、「妻の仕事から家庭生活への葛藤」の程度が
高い場合に、夫の遂行頻度への妻の評価が低くなり、「時間的制約理論」も
支持された。

　しかし、「妻の就業形態」については、非正規雇用者のほうが評価は低く、
不安定な就労者のほうが夫への評価が高いという「経済資源理論」の仮説は
支持されなかった。また、「夫の収入」の妻の評価への影響は認められず、
「衡平理論」も支持されなかった。

　「夫の家事・育児分担への妻の評価」に影響する要因についての複合的な
関係を検討した結果は、「夫の家事・育児遂行頻度」の程度が低い場合に、
「男性の育児分担を支持する妻の意識」の高群と低群の間で、妻の評価に差
が示され、意識が高い妻の場合に夫の分担への評価が低くなった。夫の実際

の分担の状況と「ジェンダー理論」を組み合わせることにより、どのグルー
プで妻の評価が低いのかが明らかになった。

　以上の結果をふまえると、「夫の家事・育児分担への妻の評価」に影響す
る要因は、実際の夫の遂行頻度とともに、「ジェンダー理論」と「時間的制
約理論」で説明できる。「男性の育児分担を支持する意識」の高い妻の場合
は、夫への期待が高いために評価が厳しくなると考えられる。そして、仕事
が忙しく、妻が家事・育児の時間が不十分な状態に直面すると、夫への期待
も高くなるために評価が厳しくなると考えられる。さらに、夫の実際の遂行
頻度が高い場合には、夫の分担に対する評価に妻のジェンダー意識の影響は
認められないが、夫の遂行頻度の程度が低い場合には、妻のジェンダー意識
の影響が妻の評価に示されている。妻の意識の高さに夫の現実の分担が追い
ついていないために、妻の評価が低くなると考えられる。

　なお、妻の不安定な地位が不公平感を弱めるという「経済資源理論」や夫
の高い地位が妻の不公平感を弱めるという「衡平理論」は支持されなかっ
た。本調査の対象者が、千葉県湾岸部と北西部の保育所に通所する子どもの
いる共働き夫婦であるという、対象者の属性に共通性が高いことが、有意な
関係が表れない結果の背景として考えられる。

# 第 8 章

# 自由記述からみた家事・育児分担の実態と意識

## 第1節　自由記述の内容の分類

　第5章から第7章で紹介した「子育てと仕事の両立に関する調査」（久保、2015）では、調査票の最後に自由に意見を記述してもらう意見記入欄を設けた。記入欄には、母親票では269人分、父親票では128人分の意見が寄せられた。意見の内容としては、夫婦の家事・育児分担についての実態や意見、仕事と家庭生活との葛藤などとともに、社会や職場の環境・社会の制度への意見・要望、さらに保育所・病児保育・子育て支援についての意見・要望などである。

　本章では、そのなかから第5章から第7章の結果に関連する記述を紹介する。第5章では、妻の就業形態とともに、夫の週労働通勤時間の長さ、夫のジェンダー平等意識が、家事・育児分担に影響する要因として示された。第6章では、夫の仕事の環境が、夫の仕事から家庭生活への葛藤に影響していることが示された。そして、第7章では、夫の家事・育児分担への妻の評価に、夫の家事・育児遂行頻度、妻のジェンダー意識、そして妻の仕事から家庭生活への葛藤が影響することが示された。

　自由記述は、まず、妻の記述から、夫の労働通勤時間も含め、夫の仕事の忙しさ、夫の職場環境への意見とともに、妻が感じる夫のジェンダー意識を紹介する。さらに、妻のジェンダー意識、妻の仕事と家庭の板ばさみ状態の状況、および妻の職場の処遇に対する記述も紹介する。夫の記述から、夫の職場環境、家事・育児への姿勢や意識、夫のジェンダー意識を紹介する。

　各意見は、◇で記し、重要な記述にはアンダーラインを付けた。また、できるだけ回答者の気持ちを伝えるために、文末の敬体・常体の叙述方式などはそのままにしたが、個人的な事情についての叙述部分は掲載していない。また、本人が妻を「母親」、夫を「父親」と表現している場合は母親、父親と表記した。夫を「主人」と表現している場合もそのまま表記した。

## 第2節　妻の記述内容

### 1. 夫の職場環境、夫の忙しさへの不満

　夫の職場環境が厳しく、夫が家事・育児に関わることが困難であることに対する妻の不満や、改善への要望の記述である。

　◇自分ですべての家事、ほとんどの育児をしています。夫は毎日7：00過ぎに出勤、24：00過ぎの帰宅で、家事・育児はできる状態ではありません。

　◇夫の通勤時間が片道2時間なので、帰ってくると疲れきっていて頼みにくく、結局私1人頑張って家事などをこなしています。内心、私もフルタイムで働いて疲れているのに、不平等だなとモヤモヤする毎日です。

　◇ずっと共働きでいましたが、家事分担は変わらず、母親の仕事は増えるばかりです。父親に頼りたくても仕事でいない。仕事が忙しくても給料は減る一方で、子どもを産めば産むほど私の負担だけが増えました。

　◇夫は仕事が忙しいため、育児や家事を手伝いたい気持ちはあるようなものの難しい状況です。朝もっと早く起きてほしいけれど、夜遅くまで仕事をしているので、あまり無理をして体を壊してはいけないなどと、私も気をつかっています。とはいえ、自分自身もいっぱいいっぱいで、ときどき夫にあたったり、子どもにあたってしまったり……という感じで、なかなか厳しいなと思います。定時で帰るのが当たり前の社会になってほしいと思います。

　◇何かあったら、基本は母親が対応します。平日は、子どもは父親と話す時間がゼロという日がほとんどです。夫は残業も多く、22時以前に帰宅することはほとんどありません。子どもも、お父さんとの時間が少なくなると、精神的に不安定になります。とにかく、残業が減って帰宅時間が早くなる、家庭につぎ込むパワーが残っているという状態になってほしいです。

　◇私の会社は、表向きは働くママにも理解を示しており、派遣でも社員と同じように、育休を取ることができるようになっていますが、男性で育休・産休を短期間でも取っている人はまったくいません。夫の会社はもっとひど

く、「男性が育休なんて非常識！」という考えです。これから<u>2人目を考え</u><u>ていますが、出産時や産後の環境が不安です。</u>

## 2. 妻からみた夫のジェンダー意識・態度

### （1）夫の伝統的なジェンダー意識・態度

　夫が伝統的なジェンダー意識をもっているために家事・育児に非協力的であることや、明確な意識を示さなくても、非協力的な態度をとることに対して、妻の不満が表れている記述である。

　◇頼れる人が少なく体を壊しました。自ら働くための環境をつくれないところは自分の能力の限界と思い、仕事を辞めざるをえないのかと思っているところです。正社員であるため、もったいなく、ねばりたいですが。<u>子育て</u><u>は女性のものという夫の考えも変えられず</u>、まだまだ女性が生きかたを制限されなければならないのかと思いますが、私の給料では家族を養えないし、しかたがないのかとも思います。

　◇夫は、居るときは家のことなど良くやってくれるとは思うが、<u>子どもが</u><u>病気のときに休むことはまったくなく</u>、自分の母などに頼るなどして、何とかやってきた。

　◇子どもが生まれてからも夫は働きかたを変えず、共働きなのに妻に家事・育児が集中しました。子どもが病気のときに（重要でない）飲み会に出席したり、<u>自己中心的な夫の態度に耐えられません</u>。

　◇共働きであっても、夫婦それぞれに社会的役割があると思うので、家庭での役割（育児・家事）をすべて分担する必要はないし、得意なほうがすればいいと思う。ただお互いを思いやる、気づかいが必要で、子どもがいる以上、自分のしたいことや、時間が制限されることはしかたないし、当たり前。母親は子と過ごす時間が長いので、世話のしかたを知っているが、だからといって、<u>夫は、任せきりにしたり、あきらめたりせず、自分なりの関わりかたをしてほしい。</u>

　◇働きたいが、<u>夫の静かな反対の態度</u>（あまり協力的でない）に、どう対処したらよいか悩みます。仕事を続けるには結局自分が大変になるばかり。

　◇男女ともに働いているなかで、なるべく家事・育児は平等に分担したいです。が、<u>夫側の反発は強い</u>です。早く帰ってきているほう（私）が家事・育児をやり、夫が帰宅しても残っている家事があればやる（←言われないとやらないですが）というスタンスです。定期的にこのトピックが夫婦げんかのタネになっています。<u>夫の理解、コミットする姿勢がほしい</u>です。

　◇仕事も家庭も女性も男性も平等にあるべきとは思いますが、現実には女性には「ガラスの壁」があるように、なかなか平等になるのは難しいです。<u>夫の家事のスキルの低さ、関心のなさなどや、男女間の賃金格差もその原因</u>と思います。

　◇男女平等、共働きでは、妻も夫も家事は平等であるべきとの世論が高まっている、と勘違いしていた（子どもを産む前までは）。実際は、そう考えるのは女性ばかり。<u>男性はまったく同意などしていない</u>。何のために結婚が必要なのだろうか。自分で働き、子どもを養えるのであれば、夫はストレスばかりの存在。


## （2）夫のジェンダー平等意識・態度

　夫がジェンダー平等意識をもっており、家事・育児に協力的で、妻も仕事と家庭生活の両立ができているという記述である。

　◇<u>家族はチームだ</u>と思っています。今は主人が早出なので私が遅出をしていますが、主人が遅出になれば私が早出になるでしょう。主人がやりたいことがあれば応援するし、私が実現したいことの協力は、家族にしてもらうこともある。もっと自由に考えかたを柔軟に生きたいと思っています。

　◇わが家は、夫が<u>家事・育児に協力的</u>なので、フルタイムの仕事でも今のところ両立できています。

　◇主人は<u>育児に積極的</u>に関わっており、家にいるときはほぼ任せています。洗濯や皿洗い、掃除等の家事もしてくれているので助かっています。また夫の実家が近いので、母親に夜の予定があるときは、保育園のお迎えから帰宅までを依頼することが月2〜3回あります。

　◇食事の支度は「朝食は私で、夕食の大半は夫」のような分担をし、洗濯

も「干すのは夫、たたんでしまうのは私」という役割分担をしています。わが家の場合、夫が、家事が得意なので、子どもが生まれる前から、家事を分担していました。それが続いているのだと改めて感じました。また、夫も私も仕事を自分の裁量で調整しやすいので、残業を長くするときもあれば、早く帰れる日もあり、そのような職場環境に何より助かっていると思います。

◇女性だから子育て、家事、男性だから仕事を優先するのではなく、それぞれの家庭によって、夫も妻も分担して、家事や子育てをするのが、良いと思います。わが家はかなり上手に分担していますが、まだ「夫に協力してもらっている」という意識があり、少し負い目を感じます。

◇わが家は夫が協力的なので、とても助かっています。共働きのわりには子どもとの関わりも多くあると思いますが、もっとゆとりをもてると良いと思います。

◇仕事と育児の両立は本当に難しく、苦しいと思うことがありますが、ふとしたときの子どもの成長、笑顔、夫に支えられています。とくに子どもと夫が遊んでいる姿をみると嬉しくて涙が出そうになることがあり、幸せだと思う日々がずっと続けられるようにと思います。

## 3. 妻自身の伝統的なジェンダー意識

夫の収入が高ければ妻は働く必要はない、今は子育てが優先、夫にはしっかり働いてほしい、といった夫の稼得役割を重視した伝統的なジェンダー意識が表れた記述である。しかし、両立が難しい状況が、働くことに対し女性を消極的にしていると考えられる記述もある。

◇待機児童が多く、「保育園が足りない」「増設を」といわれていますが、何故女性が働かなくてはいけない状況なのかを考えてほしいです（国に）。「自分のキャリアのため」というのは一握りで、ほとんどは家庭の生活費のためだと思います。男性の給料がもう少し高ければ、女性が働く必要はないと思います。どう考えても育児と家事の負担が大きいのは女性なので。

◇子どもを育てるのに、お金が必要。今の環境（仕事、保育所 etc.）にはとても恵まれていると思うが、それでも、子どもとの時間も自分の時間も足

りない。夫だけの稼ぎでやっていけないから、しかたなく働くが、働くからにはきちんとしたいけれど、やっぱり子どもの病気やケガなどで会社を休むため、自分の出世はないと思う。

　◇正直、現時点では復職せず、専業主婦でいるべきだったと思っています。理由は、世帯収入（主人の収入）が多いと、2人の子の保育料がかなり高く[注1]、あまり働く金銭的なメリットがないからです。また、それに加え、予想以上に子育てが大変で、働くことによる稼ぎのメリットは感じられません。

　◇経済的に余裕があるなら、フルタイムで仕事をしなくてもよいと思っています。私自身、もう少し勤務時間を減らして一緒に子どもといる時間がほしいと思います。ただし、今の職場は理解があるので、うまく暮らせており、なんとか頑張っています。

　◇主人には、仕事の成功など男にとって大切だし、それをサポートしたいとも思いますが、女性が社会で働くことも否定せず、お互い協力していけばいいと思います。専業主婦でいる必要はないと思います。主人の考えでフルタイムでなくパート勤務ですが、いずれは、子どもたちの学費のために、フルタイムで働いてもよいと思っています。どれだけ経済力があっても、夫婦2人で働いたほうが経済的に安定すると思います。

　◇主に夫が働いていましたが、家計を助けるため、私も働くことを決めました。子どもが幼いこともあり、家から近くて、しかも早く帰れる所を探しました。正規職員だと子育てを優先できないと思い、パートで働き、子育てしやすいようにしています。給料はだいぶ違ってしまいますが、今は子育てが優先と考えます。働くことで自分自身が成長でき、社会人として役に立つことができる充実感は必要であると感じます。

　◇生活するうえで、経済的条件が家族によって違います。目標としているところが違っていると思いますので、いちがいに「働くのが良い」「専業主婦が良い」とはいえません。自身を成長させる（何かしら刺激を受ける）環境にあり、自分に合っているなら良いと思います。家族のなかで夫がいちばん身が軽いと思われますが、そのぶんしっかり働いて、仕事で成果を出し

カッコイイ姿をみせてほしいと思っています。

## 4. 仕事と家庭生活との葛藤、板ばさみ状態

　仕事も頑張りたいし、子育てもしっかりやりたいのに、すべてが中途半端になっている現状をなんとかしたい、この状況をなんとか解決したいと考えている記述である。

　◇今まで正社員として頑張って働いてきましたが、<u>最近は残業も増え、夫や子どもたちに負担をかけているときが多く</u>、ふと、このままでいいのかと考えることが多くなってきました。子どももまだまだ母親の存在を必要とすることが多くあるなかで、一緒に過ごす時間、会話をする時間がとても少なく、申しわけないような気持ちで毎日を過ごしています。幼い、そして母親の存在を一番必要とする期間は限られています。そのときに十分に一緒にいてあげられないということは、成長に大きな悪い影響を与えてしまうのではないかと不安がつのります。

　◇子どもを育てるのにお金がかかるのに、子どもがいると仕事をしにくく、収入がどうしても減ってしまいます。<u>子どもの数と収入は反比例するのが今の日本であり</u>、少子化になるのは当たり前です。働く母の最大の壁は子どもの病気です。現在の病後児保育は、預かってもらえる時間も短く、遠く、予約も必要で、まったく助けにはなりません。

　次に、学校行事やＰＴＡの仕事など、平日に出向かないといけないことが年に何度もあり、それだけで有休はなくなります。学校やＰＴＡは働く母親への配慮がなく、休みのやりくりだけで精神的に追いつめられます。もっと産みたくても、仕事をしながらは、無理です。

　◇私自身は育休や時短でキャリアUPは絶望的です。会社としては制度も整い利用できますが、フルに使えば評価は下がる。すでに何年も下の後輩が上司になります。男性がつくりあげた会社制度のなかで、保育園さえあれば少子化対策になるというのは間違っています。<u>育休や時短があっても、仕事を認めてもらえなければ、やはり意欲は下がる</u>のです。頑張って働いてきましたが、あきらめてもいいやと思えるようになってしまいました。

◇私は正規雇用で働いています。ですから、産休・育休明け、1歳になる前から仕事に復帰しました。<u>子どもが病気をし、仕事を休むことが多く、3歳くらいまでは大変苦労をしました</u>。安心して病児を預けられる施設があると安心して働けます。また、基本的には休んであげたいのですが、病気のたびに休めない職場環境と、有休を使うと年度末頃には欠勤になってしまうジレンマがあります。子育てしながらの仕事は本当に大変です。

◇<u>子育てしたい気持ちと仕事をバリバリやりたい気持ちの間で毎日悩んでいる</u>。後輩がどんどん仕事をするなか、自分は子どものいることで仕事もさせてもらえず足踏み状態。仕事もしたいけど子どもも大事。大人のわがままで子どもが可哀想だと何度も思っている。男社会、働ける女性は必要だが、使えない女性はいらないという会社である<sup>注2)</sup>。

◇子どもができる前はキャリアが大切と思っていましたし、バリバリ頑張るつもりでした。しかし、世間がいうような両立は大変難しく、<u>すべて中途半端でストレスがたまっています</u>。仕事も、本当ならばもう少し力を入れたいですが、時間と体力もなく、子育てもしっかり甘えさせてあげられていないのではと不安もあります。家事も思い描いているようにはできません。そういったところから、出産前より気持ちが落ちているのは否めません。両立しているかたがたもいるだろうに、自分はできない人だと落ち込むこともあります。

◇自分の夫は、家庭のことも仕事のことも両方向き合うことのできる夫であり、本当に助かっていると思う。そんな夫でもやはりいないときには不満がたまりぶつけることがある。子育ては女性にとって人生を豊かにする貴重な体験であり、この時間を大切にすべき。そうしたいと思う反面、社会から切り離されるべきではないと、仕事で自分の存在価値を残したいとも思う。子どもたちに対してもそうで、いずれ社会のなかで自活するのであれば「小さなうちから多くの人と関わりをもたせたい」、保育所のかたや自分の両親、夫の両親との時間をつくらせているが、逆に自分は子どもたちとちゃんと向き合っているだろうかと不安になります。<u>つねにジレンマとの戦いで、毎日、「仕事を辞めたい」、「続けたい」の繰り返しです</u>。答えが1つではない

からつらいです。

　◇私の会社（職場）は子どものために会社を休むことが増えても、嫌みもいわず、協力してくれる人がほとんどの会社です。ありがたいと思う反面、私ほど休む母親もいないので心苦しく思うときもあります。残念ながら、<u>仕事を休んだぶん仕事を減らせるほど、状況は良くないので</u>、時にいっぱい、いっぱいとなってしまうときがあり、それはつらいです。

　◇勤務時間は問題ないのですが、<u>業務後の打ち合わせや勉強会に参加できないので心証が悪くなる気がします</u>。自分の仕事のことばかり考えてしまい、夫の仕事に協力できず、衝突することが多々あります。子どもに良くないと思い心配です。

　◇子どもとの時間は十分に取りたいですが、なかなか思うようにはいきません。仕事から帰ってくれば、すぐに子どもを迎えに行き、ご飯を作り食べさせ、お風呂へ入れ、歯みがきをし、寝かす……それが毎日の決まったサイクルになり、何とか子どもと遊ぶ時間を入れると、就寝時間がアッという間に23時ということもザラではありません。<u>自分の時間すらないこの現状から少しでも抜け出したい</u>ですが、そうもいきません。両立する方法……何かいいものがあれば嬉しく思います。

　◇時短で（1時間）働いています。保育園の送迎があると残業ができないが、仕事量が減るわけではないので、<u>自分ができないぶんは他の人の仕事が増えることになり、迷惑をかけていると感じる</u>ことが多いです。

　◇現在、育児部分休業で1時間短縮勤務をしています。下の子が小学校に入学する前までの期間で申請をしていますが、職場の同僚の人たちが残業や遅番勤務をしているなか、早く帰ったり、子どもの病気で休むと、<u>申しわけないような、肩身の狭いような気持ち</u>になります。もっと時短勤務が普及して、当たり前になる世の中になったらいいと思います。

## 5. 勤務先の処遇の問題

　育児休暇の取得や短時間勤務制度の利用により評価が下がったり、マタニティハラスメントを受けたりするなど、子育てしながら働く親への職場の対

応が厳しいという記述である。そして、子育てに理解のある職場が増えてほしいなど、社会への希望についての記述もある。

　◇仕事と家庭を両立するため、短時間勤務をしています。そのため、子どもと接する時間は確保できています。仕事は、短時間でこなせる内容ということで、書類集計が多く、やりがいを感じる業務からは、外れています。また、給与は、短時間勤務のため、カット。それに加えて、評価は相対評価のため、つねに、残業がある社員と比較（業務内容）となり、育休を取得した休暇中から継続的に下げられています。気持ちのうえで、「働きたい」という意欲があっても、社会は、まだ、女性が両立することを受け入れる状態からは、程遠いと感じます。

　◇育児短時間勤務制度を利用しているが、給料が下がりすぎる。小学校入学までしか取れないが、小学校入学後もいろいろと手がかかるため、学校から帰ってからの時間には家に居られるように、6時間/day などの勤務も正規であっても良いと思う。あと、夫が仕事優先、妻が子育て担当となりがちなため、妻の負担が大きい。子育てが大切なことをもっと認識できればと思う。

　◇子どもが病気になって、仕事を休まざるを得ない状況のシワ寄せは、すべて妻である私が被っている。常勤で働いていたのに、非常勤に落とされ、さらに勤務時間を減らされ、子どもを理由にいじめられている気にさえなっています。あせっても、夫に相談する暇もなければ、夫の会社は理解も示さない。

　◇企業は、まだまだ子育て中の社員に対して、厳しく、辞める方向へもっていく傾向があり、現に私自身、わざと時間内にできない仕事がある職場へ異動させられました。もう少し、母に優しい会社になってもらいたいです。

　◇育休取得後、復帰時に仕事内容を制限され、結局、業績悪化に伴うリストラという形で解雇になりました。

　◇もっと理解のある職場が増えることを願います。今の職場は妊娠したら辞めなくてはなりません。そういう状況で、安心しながら仕事・子育てはできません。

## 6. 転職による時間の確保

　正規雇用者からパートタイマーに職種を変更することにより、時間をつくることができた。正規雇用の働きかたがあまりに厳しいという記述である。

　◇共稼ぎで親の手伝いなしで生活、子育てしていくのは本当に大変です。正社員で時短を使って働いていましたが、平日は夫の手伝いもなく、1日1日を過ごすのがやっとでした。土・日も出勤していたため、<u>子どもたちも私ともっと関わりたいと感じているのもわかりましたし、私自身がもう少しゆっくり子育てしたく</u>て、今年、職種の違うパートに転職しました。

　◇以前はフルタイム、残業もたっぷり、朝早くから出勤していた。土・日もどちらかは職場へ行く生活で、<u>子どもの世話はほとんどできず、いつもストレスを抱えていた</u>。上の子の小学校入学を機にパートへと職種を変更した。ゆったりとした生活は、やはり送れてないが、少しは気持ちと時間のゆとりができて、子どもと話す時間ができたように思える。

## 第3節　夫の記述内容

### 1. 職場環境

　仕事が忙しく育児に十分関われない、時間内に完結できない仕事量、仕事が激務すぎるなど、家事・育児に関わることが難しい職場環境や社会環境であるという記述である。

　◇<u>平日は仕事に忙殺され</u>、子どもとの時間は朝の10分程度です。帰宅が深夜のため、休日は体力回復に努めたいのですが、子どもとの時間（体を使った遊びなど）にもあてたいです。<u>日々、ヘトヘトです</u>。平日「家族そろっての夕飯」というのは、このままでは無理なように思います。

　◇家事・育児を妻に任せてしまっており、週末しか協力できていない。平日ももう少し協力したいが、<u>時間内で完結できない仕事量</u>であるのが実情です。なかなかセーブできる環境にないが、工夫して協力する時間を増やして

いきたい。

　◇自分の父親のことを思い返すと、夕食の時間には帰宅していたように思います。なかなかそういかないので……。

　◇就業先の会社は、育児に対して、年々、力を入れてサポートする企業だが、実際、自分の働く現場では人数も限られており、休みにくかったり、育児とのバランスが取りにくいのが実態です。

　◇たまに時短で帰っても良い職場になってほしい。

　◇仕事が忙しく、育児に十分に関わりたいと思いますが、できないと感じています。女性の社会進出には、男性の助けが必要で、そのことを社会がより理解をし、実践することが必要だと思います。

　◇比重を家庭にシフトしたくても、会社が許してくれないため、思いとは反対に、仕事中心になってしまっている。育休を取ろうと思うと、クビ覚悟。

　◇そんなに難しく考えたことはない。仕事が終われば、いくらでも子どもと遊びたいが、仕事が激務すぎて十分に時間が取れていないだけである。

　◇会社の経営層は、育児休暇に理解を示す場合が多い。子どものいない同僚等は、この状況を理解できないのかもしれません。

　◇仕事が忙しいぶん、家事・育児の分担ができていません。

　◇職場では、年次有給休暇を家族サービスのために年 20 日間取得できる環境を整備してほしい、と申請している。

　◇仕事とプライベート両方とも充実させたい思いはありますが、現実はそうもいかず、子どものことを妻に任せっきりになってしまっているのが現状です。

　◇古い体質の社風のため、仕事を犠牲にして育児に向き合うことへの理解はなく、育児休暇などもってのほかなのが現状です。経営者が古い考えの人である以上、変化に期待はできない。国として潜在的な女性の労働力を掘り起こし、総体的な労働力 up を望むのであれば、政治レベルでもっと企業の根本的な考えかたを変える動きを取ってほしい。男性ももっと育児に参加し、女性のフォローをしたい。けれど叶わない、と感じている人は予想以上

に多いと思う。

　◇育児休職を３カ月取得したことがありますが、まだまだ<u>男性が取ること</u><u>についての社会の考えかたが成熟していない</u>気がしています。

## 2. 家事・育児への積極的姿勢

　育児休暇を取得したり、家事・育児に積極的に関わっているという夫の記述である。

　◇ウィークデイは仕事に追われ、家事をすることができないので、<u>土・日</u><u>は食事を作り、妻をいたわる</u>ようにしている。

　◇上の子が生まれるまでは多忙な職場におり、育児のことは考えていませんでしたが、<u>育休等を取り、子どもと関わることが楽しくなりました</u>。男性もできることなら育児に関わっていければいいと思います。

　◇<u>育児は育自で子どもにいろいろ教えてもらうことが多い</u>です。元気をたくさんもらうぶん、しっかり話し相手や遊び相手になりたいです。

　◇家族のために仕事をしている、と考えているのはどなたも同じだと思います。そのうえで、<u>わずかな時間であっても、その気持ちをきちんと行動に</u><u>表すことがとても大切</u>だと思っています。頭のなかでいくらそう信じていても、家族に伝わらなければ何にもならないので。

　◇共働きで妻の負担は多大かもしれませんが、お互いが分担で決めごとをするというよりは、気づいたら行うよう、<u>お互いの負担を共有することで、</u><u>対応する</u>ようにしています。

## 3. 家事・育児分担が不十分だと感じる意識

　家事・育児を妻に任せてしまっていることに申しわけない、または、感謝しているという記述である。

　◇現在は妻が育休中のため、<u>育児や家事を頼ってしまっていることに申し</u><u>わけない気持ち</u>があります。

　◇ほとんど妻に任せっきりなので少しでも負担が軽くなればと思い、できることはやろうと思いますが、<u>実際行動するのは難しく</u>、いつも助けてもら

い感謝しています。

## 4. 仕事優先意識

　仕事に集中しなければ生き残れない、仕事がなくなれば家庭も成り立たないという記述である。

　◇<u>仕事に対する集中力が、子どもや家族の有無で変化するようでは生き残れない</u>。もちろん子どもができたら、より一層頑張ろうと思えるが、会社は独身でもベストパフォーマンスを期待しています。仕事と家族は別です。

　◇<u>仕事がなくなると家庭も当然成り立たなくなる</u>。よって優先順位も仕事が一番になるのは当然である。

　◇<u>家族が健康で楽しく明るく生活していくには、残業をして、休日出勤して賃金を得るしかない</u>。家族のために有給を取れば、手取りが少なくなる（ブラック企業）に勤める人にも優しい社会の仕組みが確立されることを願うばかりです。

## 第4節　自由記述のまとめ

　妻の自由記述では、夫の仕事の忙しさ、職場環境への意見、妻が感じる夫の伝統的なジェンダー意識とジェンダー平等意識、そして、妻自身の伝統的なジェンダー意識、さらに、妻の仕事と家庭生活との葛藤や板ばさみ状態の状況、勤務先の処遇の問題についての意見を紹介した。

　夫の仕事の忙しさに対する妻の記述からは、疲れた夫に家事・育児分担の要求をすることをあきらめている様子がみられる。例えば、「夫は毎日7：00過ぎに出勤、24：00過ぎの帰宅で、家事・育児はできる状態では」ない、夫が「疲れきっていて頼みにく」い、「父親に頼りたくても仕事でいない」、「あまり無理をして体を壊してはいけないなどと、私も気をつかってい」る、という記述である。また、「定時で帰るのが当たり前の社会になってほしい」、「家庭につぎ込むパワーが残っているという状態になってほしい」など、働きかたを改善してほしいという切実な記述もある。さらに、「2人目を考え

ていますが、出産時や産後の環境が不安」と、夫の現在の職場環境では将来
の出産・子育てが不安であるという記述もある。

　妻が感じる夫のジェンダー意識・態度については、「子育ては女性のもの
という夫の考え」、「子育ては女性の役割という意識」など、女性の母親役割
を重視する夫の伝統的なジェンダー意識が記述されている。また、家事・育
児分担について、「夫の静かな反対の態度（あまり協力的でない）」、「夫の反
発」、「自己中心的な夫の態度」、「夫の家事のスキルの低さ、関心のなさ」な
ど、家事に関わることを避ける夫の態度についての記述がみられる。そし
て、実際に行わなくてもよいから、「夫の理解、コミットする姿勢がほしい」
という妻の願望が述べられている。

　一方、「家族はチーム」、「夫が家事・育児に協力的」、「育児に積極的」、
「子どもが生まれる前から、家事を分担」など、夫が積極的に家事・育児に
関わっていると評価している記述もみられる。そして夫の関わりについて、
「子どもと夫が遊んでいる姿をみると嬉し」いなど、夫の態度が妻の支えに
なっていることが記述されている。

　妻自身の伝統的なジェンダー意識の記述もみられた。「夫だけの稼ぎで
やっていけないから、しかたなく働く」、「現時点では復職せず、専業主婦で
いるべきだった」、「経済的に余裕があるならフルタイムで仕事をしなくても
よい」、「主人には仕事の成功など男にとって大切だし、それをサポートした
いとも思」う、「主に夫が働いていましたが、家計を助けるため、私も働く
ことを決めました」、「家族のなかで夫が一番身が軽いと思われますが、その
ぶんしっかり働いて、仕事で成果を出しカッコイイ姿をみせてほしい」とい
うように、夫の稼得役割、夫の仕事での成功を期待する妻の意識も示されて
いる。

　また、「男性の給料がもう少し高ければ、女性が働く必要はないと思いま
す。どう考えても育児と家事の負担が大きいのは女性なので」というよう
に、家事の負担が不均衡であることにより両立が難しい状況が、働くことに
対し女性を消極的にしていると考えられる。

　仕事と家庭との葛藤、板ばさみ状態については、「最近は残業も増え、夫

や子どもたちに負担をかけているときが多」い、「業務後の打ち合わせや勉強会に参加できない」、「子育てしたい気持ちと仕事をバリバリやりたい気持ちの間で毎日悩んでいる」、「すべて中途半端でストレスがたまっています」、「つねにジレンマとの戦いで、毎日、『仕事を辞めたい』、『続けたい』の繰り返しです」、「育休や時短があってでも、仕事を認めてもらえなければやはり意欲は下がる」、「自分の時間すらないこの現状から少しでも抜け出したい」という記述がみられる。また、部分休業を取得している妻からは、「早く帰ったり、子どもの病気で休むと、申しわけないような、肩身の狭いような気持ち」、「自分ができないぶんは他の人の仕事が増えることになり、迷惑をかけていると感じる」、そして「時短勤務が普及して、当たり前になる世の中になったらいい」という記述がみられる。

　勤務先の処遇については、勤務先の評価は「育休を取得した休暇中から継続的に下げられ」た、「給料が下がりすぎる」という記述もあり、短時間勤務制度の利用が処遇に影響していることへの問題が記述されている。また、出産・子育てに関わるマタニティハラスメントについては、「常勤で働いていたのに、非常勤に落とされ」た、「わざと時間内にできない仕事がある職場へ異動させられ」た、「業績悪化に伴うリストラという形で解雇に」なった、「今の職場は妊娠したら辞めなくてはな」らないなど、厳しい状況が記述されている。

　夫の記述では、夫の仕事の忙しさについて、「比重を家庭にシフトしたくても、会社が許してくれない」、「仕事が激務すぎて十分に時間が取れていない」、「日々、ヘトヘト」、「時間内で完結できない仕事量」、「休みにくかったり、育児とのバランスが取りにくい」など、厳しい職場環境のなかで家事・育児を行う余裕のない状況が述べられている。

　夫の家事・育児への積極的姿勢については、「育休等を取り子どもと関わることが楽しくなりました」、「育児は育自で子どもにいろいろ教えてもらうことが多い」という子どもとの関わりを積極的に評価する記述や、「わずかな時間であっても、その気持ちをきちんと行動に表すことがとても大切」、「お互いの負担を共有することで、対応するようにしてい」ると実際にも平

158

等的な関係を築いている記述もみられる。

　夫の家事・育児分担が不十分だと感じる意識については、「育児や家事を頼ってしまっていることに申しわけない気持ち」、「実際、行動にするのは難しく、いつも助けてもらい感謝」、など、実際には分担できないが、ジェンダー平等意識をもっていることがうかがわれる。

　一方、仕事優先意識については、「仕事に対する集中力が、子どもや家族の有無で変化するようでは生き残れない」、「仕事がなくなると、家庭も当然成り立たなくなる」、「家族が健康で楽しく明るく、生活していくには、残業をして、休日出勤して賃金を得るしかない」など、仕事に集中することで家族の生活が成り立つ、という稼得役割を重視する記述もみられる。

　本章の妻と夫の自由記述のとおり、夫がなかなか家事・育児に関われない主な要因は、仕事が忙しすぎることである。残業で夜遅くまで仕事をしている夫に、妻が要求できない状況がある。さらに、競争的な社会のなかで仕事の世界で生き残らなければ家族の生活が成り立たないという不安感も、仕事の時間を優先する要因である。

　男性も子育てに向き合うことができる社会になるためには、長時間労働、残業が当たり前の労働環境が改善されるとともに、時短勤務やフレックスタイム制など、柔軟な勤務形態が認められ、多様な働きかたが広がることが必要だろう。そして、働いた内容について正当に評価することも必要である。

　また、夫のジェンダー意識については、実際に家事・育児を分担するかどうかというよりも、それ以前の分担する姿勢のなさを妻たちが問題としていた。共働きであっても家事・育児は妻の役割という夫の意識が変わらない限り、妻たちの仕事と家事・育児との板ばさみ状態の改善は難しいと考えられる。しかし、家事・育児に積極的に関わっている夫もおり、そのことが妻の精神的・肉体的な負担を軽減していることがうかがえる。

注1）2019年10月から、3歳から5歳までの子どもの幼稚園、保育所、認定こども園などの利用料は無償化されている。本章の調査は2013年実施であり、無償化前の内

　容である。

注2）回答者の注で「使えない＝時短、泊まりができない」ことだとしている。

# 終章

## 家事労働と共働きをめぐる展望

## 第1節　家事労働の特徴と今後のゆくえ

　本書で取り上げた家事労働とは、世帯内で行われている世帯員のための家
事、育児、および家政管理の労働である。家事労働の具体的な内容は、社会
の科学技術の進展状況や経済発展の程度、さらに生活文化によって変化す
る。そして、多くの国で工業化の進展のなかで、主に男性に担われてきた家
事労働の多くが社会化され、主に女性に担われてきた炊事、洗濯、掃除、育
児などの家事労働が、なお社会化されずに世帯内にとどまり続けている。

　もちろん、家事労働を省力化する物資やサービスの供給が広がり、個別の
世帯における家事労働を軽減することは可能になっている。しかし、すべて
を社会化することは難しく、程度の差はあるにせよ、世帯内に家事労働は存
在し続けており、今後も存在し続けると考えられる。なぜなら、家事労働は
世帯員の個別の必要に対応せねばならず、個人の必要充足過程に時間的・場
所的に近接したところで遂行されなければならないからである。家事労働に
要する時間を節約できる機械器具や、惣菜などの調理食品を利用しても、世
帯での個別の家事労働は必要である。また、保育サービスや介護サービスの
利用は、社会全体の供給量に制限されるとともに、サービスを必要とする世
帯の経済状態や希望の程度も関係する。

　家事労働の社会化について、もう少し具体的に整理しておこう。第2章で
確認したとおり、物資・サービスが生産される場からみた場合、住居の外部
では、家事労働の能率を上昇させる機械器具、家事労働を代替・軽減する物
資、家事作業に関わるサービスや育児・介護など人に関わるサービスが生産
されている。住居の内部では、家族以外の家事従事者による家事サービスが
生産されている。さらに複数の世帯での共同の活動もある。そして、電気・
ガスなどの社会資本が社会化を支えている。なお、物資・サービスの提供主
体別にみたときには、社会化の分類は、民間営利セクター、非営利セクター、
そして公的セクターに分類でき、公的セクターは福祉的な機能を果たしてい
る。

　社会化されている物資や、サービスの個別世帯における利用については、住居の外部の物資やサービスの利用は広がっているが、住居の内部でサービスの提供を受けることは、介護関係以外ではそれほど広がっていない。家事代行などのサービスの利用料の高さとともに、何とかできてしまう、他人を家に入れたくない、という理由も関係しているという報告もある。利用料の高さについては、週1回の定期利用で月3〜4万円という報告もあり、そうした金額を家事代行業者に支払える世帯は限られる。世帯のなかに残されている家事労働は，今後も一般には家族が担うことになると考えられるが、外部からの支援が必要な場合に、費用負担の心配をせずに支援サービスを利用できるように、経済的な負担を軽減するための仕組みの充実が必要である。

　さらに、外部からの物資やサービスを利用することにより、作業面での社会化は進行するが、利用すればするほど、家政管理労働は増加する。物資・サービスに対する知識・情報の入手および提供側との情報共有、そして、サービスの場合は、提供側とのスケジュール調整や費用の見積りなどの事前準備、また時には提供者の労働条件への配慮が必要である。加えて、物資やサービスの利用のための費用負担を組み入れた家計管理などが求められる。家事の作業面だけでなく、管理面も含めて家事労働全般を見渡し、外部の物資やサービスを利用することになる。利用にあたっては、質、時間、コスト、さらに精神面や管理面での負担などを検討してから利用することになり、家事労働の作業面の負担は軽減されても、家政管理的な労働は増大するだろう。

## 第2節　男性の家事役割を求める動きと共働き世帯の増加

　労働市場への女性の進出が高まるなかで、1960年代から活発化した国際的な女性解放運動は、女子差別撤廃条約の成立を実現し、条約のなかには、男女の伝統的役割を変更し、男性にも家事役割を求める内容も盛り込まれた。こうした動きは、家族社会学研究や生活経営学研究の分野においても認められ、1950年代にはすでに男性の家事役割に関する研究も行われるよう

になっていた。さらに、家事役割を男女で分け合うことを目指した運動も起こり、男性の働きかたへの問題提起も行われるようになっていった。

　男性も家族的責任を担うことが世界共通の理念として広がるとともに、核家族化のなかで、現実に男性が家事を担う必要性も高まった。6歳未満の子どものいる親族のみの世帯のうち、1980年では68％であった夫婦と子どもの核家族世帯が2020年には84％を占めるようになる。一方、1980年には30％であった祖父母やその他の親族が同居する核家族以外の世帯は、2020年には10％にすぎなくなっている。このように、核家族世帯割合の増加により、祖父母などの親族の同居による家事・育児の世代間での分担が衰退した結果、妻にとっては、夫以外に家事負担を分かち合うメンバーは見当たらないという状況が広がっている。家事労働の社会化が進行しても、家事負担はなお個別世帯のなかに残る一方で、今後も家事は家族員によって遂行される可能性が高いから、夫が家事の担い手として期待されるのである。

　男性の家事役割の必要性が高まり、実際の担当も増加しているとはいえ、女性の担当に比べると、担当の程度はまだかなり低い。2021年の「社会生活基本調査」では、6歳未満の子どもをもつ夫と妻の週平均1日の家事関連時間は、共働き世帯では夫が1時間55分、妻が6時間33分で、妻無業の世帯では、夫が1時間47分で、妻が9時間24分である。このように、共働き世帯と妻が無業の世帯の夫の家事時間に大きな差はみられず、妻の就業状況が夫の家事分担に影響を与えていない。さらに、夫の週平均1日の仕事の時間も、共働きで7時間24分、妻が無業の世帯で7時間19分と仕事の時間に差はみられず、共働き世帯の夫のほうが家事・育児のために仕事の時間をセーブするということは確認できない。OECDの国際比較からみても日本の男性の家事・育児などの無償労働時間の短さは、仕事等の有償労働時間の長さが影響していると考えられる。

　女性の就業状況の動向をみると、雇用労働者化の進行とともに共働き世帯の増加が確認できる。1990年代半ばからは雇用者世帯における共働き世帯数が専業主婦世帯数を上回るようになり、2021年では共働き世帯は専業主婦世帯数の2.6倍である。しかし、増加したのは妻パートの世帯であり、相

変わらず夫が経済の主たる支え手である世帯が多い状態が続いている。男性
の働きかたの改善とともに、女性の職場での地位向上を図り、安定的な雇用
と待遇改善が求められる。現在、出産後も就業を継続する女性の割合も確実
に増加しており、理想とする女性のライフコースも、独身の男女ともに仕事
と子育ての両立のライフコースを望む割合が増えている。共働き世帯の増加
傾向は引き続き高まっていくと考えられ、夫婦における家事負担の不均衡を
解消することは一層重要になっている。

## 第3節　調査結果からみた男性の家事・育児分担の現状

　家事労働の社会化にも限界があるなかで、共働き世帯において、夫の家事
労働への関わりが期待されているにもかかわらず、全体には関与が低い状態
にとどまっているが、妻と分担をする男性たちもいる。第5章から第8章で
は、2013年に千葉県湾岸部と北西部の保育所で実施した調査結果を用いて、
男性の家事・育児分担についての分析を行った。
　まず、第5章ではどんな男性が家事・育児を分担するのか、その要因を検
討した。そして第6章で、夫の家事・育児分担の状況と仕事の状況が、夫の
仕事から家庭生活への葛藤にどのように影響しているのかを検討した。第7
章では、夫の家事・育児分担に対する妻の評価に影響をおよぼす要因と、妻
のジェンダー意識と評価との関連を検討した。第8章では、自由回答欄に記
述された保護者の意見を紹介し、数値での結果を具体的な記述から明らかに
した。
　第5章の分析では、週労働通勤時間の長さは夫の家事・育児遂行頻度に影
響し、週労働通勤時間の短い夫ほど遂行頻度が高いことが確認できた。さら
に、「共働きならば家事・育児を平等に分担すべき」という夫のジェンダー
平等意識も、家事・育児の遂行頻度に影響し、ジェンダー平等意識をもつ夫
ほど遂行頻度が高いことが認められた。また、妻の就業形態が正規雇用か非
正規かによる影響については、家事・育児とも、正規の妻のほうが夫の遂行
頻度が高い傾向が認められた。

　週労働通勤時間と家事・育児の項目ごとの関連を検討すると、育児の項目と比較的強い関連を示していた。育児は子どもの必要充足過程に場所的にも時間的にも近接し、しかも時間消費的な活動であるから、共に過ごす時間が必要で、時間の影響を強く受ける活動である。そして、「食事の準備」と「食事の後片づけ」を比較すると、まず、「食事の準備」は週労働通勤時間との関連を示していた。「食事の準備」は、必要充足する人と場所的・時間的に近接することが求められる家事であり、時間を合わせられる余裕が必要だろう。「食事の後片づけ」は、関連が示されなかった。場所的には近接しているが、時間的には近接する必要が低いために、労働時間との関係が弱くても遂行できるためであると考えられる。

　「共働きならば家事・育児を平等に分担」という夫のジェンダー平等意識と家事・育児の項目ごとの関連では、とくに、育児項目の「子どもの食事や身のまわりの世話」との関連が強く、「共働きならば家事・育児を平等に分担」と考える夫ほど、世話をする結果が示された。また、「食事の後片づけ」は、週労働通勤時間との関係では関連が示されなかったが、ジェンダー平等意識との関係では、家事項目のなかで比較的高い関連を示した。時間的に忙しくても意識が高い場合は、担当できる家事項目であると考えられる。

　夫の家事・育児遂行頻度と妻の遂行頻度の関係については、家事遂行頻度も育児遂行頻度も、おおむね夫の頻度が高い場合に妻の頻度が低いという関係がみられ、とくに「食事の後片づけ」や「入浴の世話」は、夫が担当することによって、妻の負担を軽減できていることが示された。

　第6章では、仕事が原因で家事・育児に十分に関われないという夫の葛藤を取り上げ、仕事のどのような状況が夫の葛藤に影響しているのかを検討した。家事・育児遂行頻度が低い場合はもちろん葛藤の程度を高める。そして「上司・同僚からの嫌みや苦情をいわれる」場合、「仕事のプレッシャー（残業をするのが当然という職場の雰囲気や、残業をしなければ終わらない仕事量）」がある場合、「週労働通勤時間」が長い場合は、葛藤の程度が高まった。一方、「仕事の時間や量の調整」がしやすい、「時間どおりに勤務終了」の場合には、葛藤の程度が低いことが示された。さらに、仕事優先意識と実

際の家事・育児遂行頻度を組み合わせて葛藤との関連を分析した結果、「子どもができたら、男性は，妻子を養うために一層仕事に集中したほうがよい」という仕事優先意識の高低にかかわらず、家事・育児の遂行頻度が低い場合には、仕事から家庭生活への葛藤の程度は高かった。仕事優先意識が強ければ葛藤の程度が低くなるわけではないことが示された。

　第7章では夫の家事・育児分担について、妻はどのように感じているのかを検討した。まず、実際の「夫の家事・育児遂行頻度」は、妻の「夫の家事・育児分担に対する評価」に影響を与え、遂行頻度が低い場合は評価も低い結果となった。そして、妻のジェンダー平等意識である「男性の育児分担を支持する妻の意識」が高いほど、夫の分担についての評価は低くなった。仕事が忙しく家事や育児に十分関われないという、「妻の仕事から家庭生活への葛藤」の程度が高い場合も、夫への評価が低くなった。

　さらに、「夫の家事・育児分担への妻の評価」について、妻のジェンダー平等意識と夫の家事・育児遂行頻度を組み合わせて検討した結果、「夫の家事・育児遂行頻度」が低い場合に、「男性の育児分担を支持する妻の意識」の高群と低群の間で妻の評価に差が示され、ジェンダー平等意識が高い妻の場合に夫の分担への評価が低くなった。妻の意識の高さに夫の現実の分担が追いついていない場合に、妻の評価が低くなることが示された。

　第8章では、第5章から第7章の内容について、自由記述欄に意見を寄せてくれた対象者の意見を検討した。妻の意見では、疲れた夫に家事・育児分担の要求をすることをあきらめている様子がみられ、「定時で帰るのが当たり前の社会になってほしい」、「家庭につぎ込むパワーが残っているという状態になってほしい」など、夫の職場や社会環境の改善を求める記述もみられた。そして、妻自身の家事・育児と仕事との板ばさみ状態に苦しむ記述や、夫の非協力的な態度や伝統的なジェンダー意識に不満やあきらめの記述もみられた。夫たちも「比重を家庭にシフトしたくても、会社が許してくれない」、「日々、ヘトヘト」、「時間内で完結できない仕事量」など、職場環境の厳しさから、家事・育児役割を果たせない現状を記している。一方で、仕事に集中することで家族の生活が成り立つ、という稼得役割を重視する記述

168

もみられた。なお、夫が協力的なので両立できているという妻の記述や、家事・育児への積極的な姿勢を示す夫の記述もあった。

第5章から第8章の内容全体が示すとおり、夫がなかなか家事・育児に関われない主な要因は、仕事が忙しすぎることである。そして、仕事優先意識の高い夫であっても、家事・育児に十分関われないことは、仕事のために家事役割を果たせないという役割間の葛藤を高める要因になっていた。また、残業で夜遅くまで仕事をしている夫に対し、妻が家事分担を要求できない状況もみられた。さらに、競争的な社会のなかで、仕事の世界で生き残らなければ家族の生活が成り立たないという夫の不安感も、仕事の時間を優先する背景にあることが推察される。

夫が子育てに向き合うことができる社会になるためには、長時間労働、残業が当たり前の労働環境が改善されるとともに、時短勤務やフレックスタイム制など、柔軟な勤務形態が認められ、多様な働きかたが広がることが必要だろう。なお、家事・育児に積極的に関わっている夫もおり、そのことが妻の精神的・肉体的な負担を軽減していることがうかがえる。

また、ジェンダー意識との関係では、妻のジェンダー平等意識が高いのにもかかわらず、夫の現実の家事・育児分担が追いついていない場合に、妻の評価が低くなることが示された。さらに、夫のジェンダー意識や態度についての妻の意見として、実際に家事・育児を分担するかどうかというよりも、それ以前の分担する姿勢のなさを問題にする妻たちもいた。共働きであっても家事・育児は妻の役割という夫の意識が変わらない限り、妻たちの仕事と家事・育児との板ばさみ状態の改善は難しいと考えられる。

近年では、イクメンなど、男性の家事・育児参加を推進する動きも活発である。しかし、その一方で、仕事の場では成果主義に追い立てられ、その板ばさみに苦しむ男性の問題も取り上げられている。石井クンツ（2013：175-181）は、父親の育児ストレスについて、仕事と育児の「板挟み」状態にあるケースや、育児や家事と仕事の両立ができていない自分にいらだつケースを紹介している。板ばさみ状態については、すでにホックシールド（1997=2012：208）がアメリカの優良企業でインタビューした中間管理職の

男性たちについて報告しており、家のことをもっとしなければならないというプレッシャーと、会社が指示する長時間労働を厭わない男のイメージとの間で引き裂かれていたとしている。さらに、ホックシールド（同：367-384）は、女性労働者も含め、働く親に時間がないのは、職場から要求される時間を優先させてしまうからであり、職場はますます多くの家族の時間を吸収しているとしている。そして労働者のタイム・バインド（時間の板ばさみ）状態を改善するためには、われわれの時間の制約は変えようと思えば変えられる、そしてそのための勇気をふるうことであると主張している。

　ホックシールドがいう「働きかたを変えよう」という大きな意思が働いたわけではないが、新型コロナウイルス感染拡大を機に働き方に変化が生じた。多くの労働者が失業したり、休職せざるを得ない厳しい状況に直面したが、一方で、働きかたについて柔軟な環境もつくり出された。必ずしもいつもみんなが揃ってオフィスにいる必要がないこと、メールでの連絡やWeb会議システムでの打ち合わせも可能であること、在宅勤務やフレックスな勤務時間でも対応可能な仕事が多いことなどによって、画一的な仕事のスタイルから柔軟なスタイルへと変更できる可能性が広がった。職場から要求される時間を優先させてしまうのではなく、労働者が日々の生活時間の配分の自律性を高めることもできる。時間の配分の自律性が高まれば、時間的に裁量の余地のない家事や育児のタイミングをうまく合わせることも可能になり、家事の分担の可能性が広がることも期待できる。

## 第4節　男性の家事役割を保障するための課題

　日本は、第3章でも確認したとおり、1981年にILOで採択された家族的責任を有する男女労働者の機会及び待遇の均等に関する条約（第156号条約）を、1995年に批准した。この条約を批准することにより、国は家族的責任を有する者が、職業上の責任と家族的責任との間に抵触が生ずることなく職業に従事する権利を保障することを、国の政策の目的とすることを示した。この権利は、母親のみならず父親も職業上の責任とともに、家族的責任

を保障されることを示したものである。日本でも、育児・介護休業法の第1条（目的）は、「子の養育又は家族の介護を行う労働者等の雇用の継続及び再就職の促進を図」ることを目的としている。

　しかし現実には、育児休業の申し出・取得等を理由とする不利益な取り扱いや、職場における妊娠・出産・育児休業等に関するハラスメントが問題となっている。近年では、育児休業を取得した母親に対するマタニティ・ハラスメント（マタハラ）ばかりでなく、父親に対するパタニティ・ハラスメント（パタハラ）といわれる嫌がらせも問題となっている。『朝日新聞』（2017年1月16日）で紹介された育児休業を取得してハラスメントを受けた男性の話では、育休前は部長職にあり、部長職で復帰という話で休みに入ったものの、復帰後は担当も決まらず、二度と仕事がまわってくることがなく、転勤を迫られ会社を辞めざるを得なかったということである。子どもが1歳の頃、保育所の入所が決まらず、決まるまでのやむを得ずの決断で育児休業を取得したという。育児休業を必要とする労働者が安心して休業できる職場環境の整備も課題である。職場における妊娠・出産・育児休業等に関するハラスメントについては、現行の男女雇用機会均等法の第11条第3項と、育児・介護休業法第25条で、事業主に防止措置を講じることを義務づけている。

　また、周囲の労働者の協力や理解も育児休業取得の重要な条件であり、育休の取得がほかの労働者の負担にならない配慮も課題となっている。ILO第156号条約と同時に採択された同名の第165号勧告の第17項では、「家族的責任を有する労働者が就業に係る責任と家族的責任とを調和させることができるような雇用条件を確保するため、国内の事情及び可能性並びに他の労働者の正当な利益と両立するすべての措置をとるべきである。」とし、家族的責任をもつ労働者への保障が、他の労働者の過重負担にならないよう規定している。周囲の労働者の負担が増えないように、育児休業を取得する労働者の代替要員の確保など、国も中小企業向けに「両立支援等助成金」制度などを設けており、こうした制度を事業主が活用し、職場の環境を整えることが家族的責任を有する労働者への支援となる。

　ILO第156号条約を批准している国として、国は企業に対しても、子ど

ものいる男女労働者の家族的責任を保障するよう強く求める責任を負っている。長時間労働を受け入れざるを得ない男性労働者の働きかたが変われば、社会全体が仕事と家庭生活のバランスをとりやすい社会となる。そのことは、共働きの妻のみならず、ひとり親や障がいをもつ家族のいる人、介護負担のある人など、多様な人びとが働きやすい社会になる。多くの男性が妻の家事労働に依存することで労働生活を維持している社会、こうした社会のありかた自体を再検討する必要がある。具体的には、労働時間の制限、サービス残業が当たり前の労働環境を改善するとともに、時短勤務やフレックスタイム制など、柔軟な勤務形態を認め、多様な働きかたを認め、男女労働者がともに家族的責任を果たせるようにすることである。

　2018 年には働き方改革関連法が公布され（2019 年から順次施行）、残業時間の上限も設定されたが、業務量の削減が伴わなければむしろさまざまな弊害が生じることが懸念されている。ディーセント・ワーク（働きがいのある人間らしい仕事）の実現に向けて労働環境の改善をさらに進めることが求められる。

## 第5節　これからの家事労働との付き合いかた

　今後、家事はミニマムから始まり、生活スタイルに合わせてプラスしていくという考えかたが、意味をもつことになるだろう。最低限の家事は、命を守ること、すなわち健康を守ることと、安全を確保することである。

　そのためにも、社会的な家事に対するイメージから解放されることであり、「しなければならない」圧力や規範から解放されることである。そして、家事の出来不出来を評価の対象にしない。すなわち、女子力が高いとか、良妻賢母などの評価、また反対に、手抜き、雑、といった評価はしないことである。家事の量も、夫婦ができることだけを行う。できないことはあきらめたり、先送りにしたり、他の人に任せたりする。

　そうはいっても、未就学児のいる夫婦の場合、ミニマムでも家事労働の負担は大きい。本書の調査が、未就学児のいる共働き世帯を対象にするの

も、24時間、誰かの見守りが必要な子どもの世話を中心にして家事労働が行われるからである。子どもの食事や身のまわりの世話、入浴の世話、遊びや話し相手、寝かしつけ、という時間消費的な家事労働の項目は、機械化などでの時間節約は難しい。第1章でも紹介したように、上野（1985：22-4）が、出産・育児はあるところまでは他人に委ねることができるが、ギリギリのところで残ってしまうとしているように、保育所での集団保育により一定時間は他人に委ねられるものの、個別世帯における子どもの育ちのための時間を、すべて他人に委ねることは難しい。親の関わりが必要とされる。そこで、小さい命を守ることを親だけの責任にするのではなく、社会全体でも責任をもてるようにする。

　例えば、通常の保育とともに病児・病後児保育の充実など、子ども・子育て支援制度の充実や、育児休暇はもちろん、部分休業や看護休暇が男女ともに保障される職場環境の充実も求められる。第8章の妻の記述でも、子どもの病気で休まざるを得ず、雇用形態の変更を余儀なくされた、という記述がみられた。安心して休める休暇制度の充実とともに、病児・病後児保育の多様な展開が求められる。施設での保育だけでなく、保育スタッフを自宅に派遣するサービスも行われており（久保 2010：75-82）、そうした事業の充実も求められる。さらに、協力会員が自宅で預かるなどの子育て援助活動支援事業（ファミリー・サポート・センター事業）や自治体によるベビーシッター利用支援事業などの充実も望まれる。

　また、男性に限らず夜勤や宿直、宿泊を伴う出張のある職場で働く女性も多い。子どもの生活時間への対応が難しい仕事に従事する場合もある。そして、私たちの暮らしはそうした人びとの働きに支えられている。夫婦や親族だけでなく、施設内保育所など、さまざまなサービスやネットワークを組織して子どもの育ちを保障することも求められる。さらに、親の子どもを育てる条件が著しく不足している場合は、子どもの福祉のために、第2章で紹介した公的セクターである乳児院や児童養護施設での子育ての社会化が必要である。そうした施設での子どもの育ちを保障するために、施設の質の充実も求められる。

　ところで、これまで、家事・育児負担の軽減の方向を述べてきたが、ホックシールドが指摘するように、働く親に時間がないのは、職場から要求される時間を優先してしまうからである。仕事の時間のために、家事の時間を縮小することでよいのだろうか。ワーク・ライフ・バランスの視点で考えれば、生活を楽しむことを追求してもよい。清家（1992：146）は、家計内生産（家庭を経済主体と考えたとき「家計」といい、家計のなかでの生産活動をいう。）のモノやサービスの生産プロセス自身が楽しみをもたらすこともある、と指摘する。清家は、それ自体が満足をもたらすこととして、日曜大工で家具を作る、織機で布を織る、家庭菜園で野菜を作るといったことや、育児や教育などを例に挙げている。Coltrane（2000：1210）も料理に楽しみを見いだす人がいるという報告を紹介している。

　また、久保の調査（2015：86）でも、「仕事の後から寝るまでの短い時間ですが、（子どもと）一緒に過ごせる時間がとても楽しいです」、「朝や夜、土・日はいっぱい遊びたいので、なるべく時間を作って（子ども）と遊んでいます」など、育児を楽しんでいる記述もあった。日々の生活のなかで充実感を感じられるような活動は、家事のなかにも数多くあるだろう。働く親たちが、家事・育児を楽しむ余裕のある暮らしの時間を確保できるよう、職場の労働環境の改善が求められる。

　なお、家事労働の意味は、単に生活手段の価値を高めることにとどまらず、生活の個性の保持、家庭内の人間の協力関係から生じる共同意識の持続であるといわれる（松村 1986：97）。個性の保持という点では、食生活で例えれば、それぞれ自分の好みの味や形がある。自分の生まれ育った環境などから受け継いだ「この味」「この料理」は，家事労働を通じて保持される。また、共同意識は、共に活動することで得られるものであるから、特別な取り組みをしなくても家事労働という日々の活動で持続することができる。家事労働が個別の生活単位で日々続くのは、家事労働によって満たされるものが大きいからでもあろう。

## 第6節　共働き夫婦が育児期を乗り切るために

　子育てという家族的責任をもつ労働者が安心して働ける社会の環境整備は必須であるが、夫婦の家事分担の不均衡の問題は、社会的条件の整備だけでは解決できない。第8章の妻の夫に対する意見のとおり、夫の伝統的なジェンダー意識、自分の付き合いを優先する自己中心的な夫の態度、思いやりや気づかいのなさ、コミットする姿勢のなさなどは、社会的な風潮などの影響はあるものの、夫婦の間で関係性を見直す問題である。

　夫婦二人だけの生活から、24時間の世話と見守りが必要な子どものいる生活への移行は、妻だけでなく夫にとっても大きなストレスである。ベルスキーとケリー（1994=1995：24）は、250組のカップルへの調査の結果をもとに、6つの特性があれば、夫婦が親への移行期をよりスムーズに乗り切ることができるとしている。その6つの特性とは、「個人的目標や欲求を放棄して、二人がチームとして一緒に働く」、「家事分担や仕事についての不一致を、双方の納得のいくやり方で解決する」、「ストレスを処理するのに、配偶者や結婚を過度の重圧にさらさない方法で行なう」、「けんかをするときは建設的に。互いの優先順位が異なっても、共通の興味を維持する」、「子供が生まれた後、どれほど結婚生活自体が良くなっても、それは子供が生まれる前と同じではないことを知る」、そして「結婚を育てるようなコミュニケーションの仕方を維持する」というものである。

　育児期は、完全には「個人的目標や欲求を放棄」しないとしても、さまざまな個人的活動はペースダウンするだろう。しかし、そうした時期は人生のほんの一時期である。子どもが小学校に入学すれば24時間の世話と見守りは必要なくなり、高学年にもなれば、味噌汁づくりや洗濯などもできるようになり、子どもは家事の共同の担い手となる。夫婦二人で相談し、ペースダウンの時期をずらしたり、他の資源を活用したりして、チームとして乗り切れれば、子育てが一段落した後は、再び個人的目標や欲求の追求ができるだろう。「日々の育児という静かな勇気ある行動」（同：33）を行う夫婦がチー

ムとして育児に従事できるように、社会全体で環境を整えることが求められる。

　また、夫婦がチームとして働くためにも、夫婦それぞれが、家事や育児に関わる基本的な知識や技能をもつことが必要である。親になる前からでも、また親になってからでも、そうした知識や技能を上達させていけばチームの力が向上するだろう。なお、身体的な能力には個人差があり、必ずしも夫婦が同じことができるわけではない。そうしたことも理解しながら、能力に応じて負担を分かち合うことができれば、多くの困難のある育児期も乗り切れるだろう。

## あとがき

　これまで 40 年あまり、私は働く母親の仕事と子育てに関する研究や共働き夫婦の家事・育児分担に関する研究に携ってきた。そのなかで考えてきたことは、家事・育児分担を検討する前提として、家事労働の将来展望をもつことが必要だろうということである。個別世帯での家事労働はどこまで軽減できるのか、夫婦とも家事をしないで外部に委託するという選択肢はあるのかなど、家事労働の将来についていくつかの可能性を考えてきた。本書では、これまで考えてきた家事労働についての検討内容を示したうえで、男性の家事労働の問題を扱い、終章で今後の展望を示すことにした。

　今後の展望を考えるヒントになったのは、ホックシールド（1997=2012）の「働く親に時間がないのは、職場から要求される時間を優先させてしまうから」であるという指摘である。家事・育児の負担を軽減することはもとより大切なことであるとはいえ、夫婦ともに残業せずに仕事を時間内に終わらせて帰宅することを目指すこともまた同時に大切である。そうすれば、夫婦ともに家庭で過ごす時間を増やすことができる。本書では、このような考えに基づいて共働きと男性の家事労働の問題を扱った。

　日本の男性の場合、職場で働くなどの有償労働時間は OECD 諸国のなかで突出して長いのに対し、家事・育児などの無償労働時間は他国と比べて極端に短い（第 3 章参照）。ホックシールドのいうように、職場から要求される時間を優先させてしまっているのである。男性が定時に家庭に帰り、夫婦で家事・育児を共に担う暮らしができるようにする。私は、こうした家事労働の姿が広がる社会を展望している。

　本著は、主に、2017 年発表の論文「共働き夫婦の家事・育児分担の実態」（『日本労働研究雑誌』689: 17-27）を原案にして執筆したものである。第 1 章から第 4 章までは、2017 年の論文の内容をたたき台にして、新たに執筆した内容である。第 5 章は、この論文で発表した先行研究の検討に新たな内容を補充するとともに、本書と関連する分析結果を示した。結果の示しかたは他の章にあわせて加筆や変更を行っている。

　この論文で用いたデータは、日本学術振興会平成 24 〜 26 年度科学研究費補助金（研究種目：基盤研究（C）課題番号：24500890、研究代表者：久保桂子）によって行った調査「子育てと仕事の両立に関する調査」によって得られたデータである。本調査の概要については、『子育てと仕事の両立に関する調査報告書（2013 年調査報告）』（2015 年）にまとめられている。

　第 6 章、第 7 章、および第 8 章も第 5 章と同じ調査データを用いたものである。第 6 章については、2014 年発表の論文「共働き夫婦の夫の家庭生活への関与を妨げる仕事の状況」（『千葉大学教育学部研究紀要』62: 271-276、2009 年調査の結果による）の分析枠組みをもとに、その枠組みに修正を加えて、2013 年調査のデータと変数を用いて分析を行ったものであり、分析結果は新たな結果となっている。また、第 5 章と重複する内容については簡単な説明にとどめた。

　第 7 章は、2016 年発表の論文「共働き夫婦における夫の家事・育児参加に対する妻の評価」（『日本家政学会誌』67 （8）: 447-454）の内容であるが、第 5 章，第 6 章と重複する内容については簡単な説明にとどめるとともに、本書全体の構成に合わせて記述内容や結果の示しかたに変更を加えている。

　第 8 章は、2013 年調査の報告書に掲載した自由記述から、本書に関連のある記述を選択した内容である。

　また、第 4 章第 4 節「兼業農家女性の就業形態の変化の事例」は、1982 年に発表した「兼業農家女性の就労形態の変容—長野県諏訪地方の場合—」（『お茶の水女子大学女性文化資料館報』3: 61-79）の一部である。この論文で用いた内容は、「お茶の水女子大学高齢者問題調査団」（責任者・湯沢雍彦）が、長野県諏訪市の農村において行った調査の一部である。詳細は、第 4 章第 4 節の注のとおりである。

　これまでの研究を進める過程において、筆者が所属してきた日本家政学会の生活経営学部会（旧、家庭経営学部会）、家族関係学部会、そして日本家族社会学会、さらに家族問題研究学会などの学会やセミナー、共同研究などで交流した研究者から実に多くのことを学ぶことができた。また、本書で扱った政府統計などの扱いかたや示しかたは、男女共同参画の現状を統計で

描くという男女共同参画統計研究会での議論に学ぶところが大きい。さらに、湯沢雍彦先生が主宰した新マスター研究会での自由な議論からもヒントをいただいた。先生に本書をお渡ししたかったが、間に合わなかった。9月8日に永眠されてしまった。今はただ、安らかなる眠りをお祈り申しあげたい。

　本書をまとめるにあたっては、家事労働の理論部分では、お茶の水女子大学の斎藤悦子先生と埼玉大学の重川純子先生に、説明不足の点などをご指摘いただくとともに記述についてのご助言をいただいた。調査結果の分析の部分については、大妻女子大学の中川まり先生に、分析内容を点検していただくとともに、記述についてのご助言をいただいた。厚く御礼申しあげたい。そしてドメス出版の佐久間俊一さん、矢野操さんには、丁寧に読んでいただき、適切なコメントをいただき、大変お世話になった。心より感謝申しあげたい。

　最後に、調査に協力してくださった保護者のみなさま、また、調査票の配布回収にご協力いただいた保育所のみなさまには、心より御礼申しあげたい。10年前の結果であるので、多少は状況も変わっているが、まだまだ、共働き夫婦の家事・育児は大変であり、本書が状況を少しでも改善することに役立てば幸甚である。

　2023年11月

付記
　本書に引用したもの以外で、本書の主題に関わる自分の主な論文は以下のとおりである。
- 「働く母親の個人ネットワークからの子育て支援」『日本家政学会誌』2001，52（2）：135-145
- 「フルタイム就業夫婦の育児分担を規定する要因——仕事との時間的葛藤を生じる育児を中心に」『家族社会学研究』2007，19（2）：20-31
- 「フルタイム共働き夫婦の家事分担と性役割意識」『千葉大学教育学部研究紀要』2009，57：275-282
- 「共働き夫婦における親族の育児援助と夫の育児参加——子どもの病気時の育児を中心に」『日本家政学会誌』2012，63（7）：369-378
- 「保育園児を持つ母親の仕事と子育ての葛藤」『千葉大学教育学部研究紀要』2015，63：279-286

# 文献一覧

文献は以下の基準で並べた。

1. 文献は、和文文献、欧文文献を、著者または編者の姓のアルファベット順に掲載した。訳書の場合は、訳書の後に原著の情報を掲載した。
2. 同一著者については、刊行年順に掲載し、同一著者かつ同一刊行年の場合は、年の後ろにa、b、cを付した。
3. ウェブページ・ブログなどウェブサイト上に掲載された情報は、著者名、最終更新年、「タイトル」、ウェブサイト名（著者名と同じ場合は省略）、（URL、取得日）の順で記載した。 なお、政府統計ポータルサイト「政府統計の総合窓口」に掲載された情報については、ウェブサイト名と取得日は、省略した。さらに、法律、条約については、ウェブサイトは示していない。

## A

赤松良子，1992，「女子差別撤廃条約の意義」国際女性の地位協会編『女子差別撤廃条約注解』尚学社，3-7.

天野寛子，1978，「育児および家事労働」宮崎礼子・伊藤セツ編著『家庭管理論』有斐閣， 158-177.

朝日新聞，2017，「男も育てる　育休明け　干され続けた」2017年1月16日朝刊.

## B

Becker, Gary S, 1965, "A Theory of the Allocation of Time," *The Economic Journal*, 299, Sep.: 493-517.

ベルスキー，ジェイ・ケリー，ジョン／安次嶺佳子訳，1994＝1995，『子供をもつと夫婦に何が起こるか』草思社．（原書）Belsky, Jay and John Kelly, 1994, *The Transition to Parenthood*: *How a First Child Changes a Marriage : Why Some Couples Grow Closer and Others Apart*, New York: Delacorte Press.

Blood, Robert O. and Donald Wolfe M., 1960, *Husbands and Wives: The Dynamics of Married Living*, New York: Free Press.

Bott, Elizabeth, [1957] 1971, *Family and Social Network: Roles, Norms, and External Relationships in Ordinary Urban Families*, Abingdon: Tavistock Publications.

Braun, Michael, Noah Lewin-Epstein, Haya Stier and Miriam K. Baumgartner, 2008, "Perceived Equity in the Gendered Division of Household Labor," *Journal of Marriage and Family*, 70(5): 1145-1156.

## C

中小企業基盤整備機構，2022，「市場調査データ　家事代行（2022年版）」（https://

j-net21.smrj.go.jp/startup/research/service/cons-housework2.html，2023年3月4取得）．

Coltrane, Scott, 2000, "Research on Household Labor: Modeling and Measuring the Social Embeddedness of Routine Family Work" *Journal of Marriage and the Family*, 62(4): 1208-1233.

コーワン，ルース S.／高橋雄造訳，1983＝2010，『お母さんは忙しくなるばかり――家事労働とテクノロジーの社会史』法政大学出版局．（原書）Cowan, Ruth Schwartz, 1983, *More Work for Mother: The Ironies of Household Technology from the Open Hearth to the Microwave*, New York: Basic Books.

D

Dahlström, Edmund, 1962＝1967, "Analysis of the Debate on Sex Roles," In Edmund Dahlström(ed), Translated by Gunilla and Steven Anderman, *The Changing Roles of Men and Women*. London: Gerald Duckworth, 170-205, 1962年版はスウェーデン語版．

Delphy, Christine, 1984, *Close to home: A Materialist Analysis of Women's Oppression*, trans. by Diana Leonard. Amherst: The University of Massachusetts Press.

Demaris, Alfred and Monica A, Longmore, 1996, "Ideology, Power, and Equity: Testing Competing Explanations for the Perception of Fairness in Household Labor," *Social Forces*, 74(3): 1043-1071.

E

エンゲルス・フリードリッヒ／マルクス＝エンゲルス全集刊行委員会訳，[1845]1957＝1971，『イギリスにおける労働者階級の状態』（文庫版(2)）大月書店．（原著）Engels, Friedrich, 1845, *Die Lage der Arbeitenden Klasse in England*, Leipzig. 翻訳書はInstitut fur Marxismus-Leninismus beim ZK der SED, Dietz, Verlag, Berlin 1957による）．

エスピン＝アンデルセン,ゲスタ／渡辺雅男・渡辺景子訳，1999＝2000，『ポスト工業経済の社会的基礎――市場・福祉国家・家族の政治経済学』桜井書店．（原著）Esping-Andersen, Gøsta, 1999, *Social Foundations of Postindustrial Economics*, Oxford: Oxford University press.

F

布施晶子，1974，「婦人の就業と家族関係」森岡清美編『新・家族関係学』中教出版，173-205.

布施晶子，1977，「共働き夫婦と家族」『ジュリスト増刊総合特集　6　現代の家族』

有斐閣，192-197.

不破麻紀子・筒井淳也，2010，「家事分担に対する不公平感の国際比較分析」『家族社会学研究』22（1）：52-63.

G

Greenhaus, Jeffrey H. and Nicholas J, Beutell, 1985, "Sources of Conflict between Work and Family Roles," *Academy of Management Review*, 10(1): 76-88.

H

林郭子，1989，「家事とはどのような仕事か――内容と時間」，直井道子編『家事の社会学』サイエンス社，31-79.

樋口恵子，1985，「主婦という名の『座権』」『世界』8月号，478: 24-27.

ホックシールド，アーリー／田中和子訳，1989＝1990，『セカンド・シフト――アメリカ　共働き革命のいま』朝日新聞社.（原著）Hochschild, Arlie R.,1989, *The Second Shift: Working Parents and the Revolution at Home*, New York: Viking Press.

ホックシールド，アーリー／坂口緑・中野聡子・両角道代訳，1997＝2012，『タイム・バインド 働く母親のワークライフバランス――仕事・家庭・子どもをめぐる真実』，明石書店.（原著）Hochschild, Arlie R.,1997, *The Time Bind: When Work Becomes Home and Home Becomes Work*, New York: Henry Holt and Company.

I

市川房枝・竹内直一，1976，「対談　婦人運動の原理と論理」『ジュリスト増刊総合特集 3　現代の女性――状況と展望』有斐閣，45-53.

ILO駐日事務所，2013，「2011年の家事労働者条約（第189号）概要」（https://www.ilo.org/tokyo/standards/list-of-conventions/WCMS_239179/lang--ja/index.htm, 2022年9月5日取得）.

ILO, 2021, *Making Decent Work a Reality for Domestic Workers: Progress and Prospects Ten Years after the Adoption of the Domestic Workers Convention*, 2011 (No.189)（https://www.ilo.org/global/publications/books/lang--en/index.htm, 2022年9月5日取得）.

稲葉昭英，2006，「どんな男性が家事・育児をするのか？ 社会階層と男性の家事・育児参加」，『現代日本の社会階層に関する全国調査研究　第15巻　階層と結婚・家族』（『現代日本社会階層調査研究資料集――1995年SSM調査報告書④ジェンダー・市場・家族における階層』日本図書センター，所収），1-42.

稲葉ナミ，1955，「共働き夫婦の生活時間時間構造について(第 1 報)」『家政学雑誌』6（2）: 64-68.

Ishii-Kuntz, Masako and Maryanski, A. R., 2003, "Conjugal Roles and Social

Networks in Japanese Families." *Journal of Family Issues*, 24(3): 352-379.

石井クンツ昌子, 2013, 『「育メン」現象の社会学——育児・子育て参加への希望を叶えるために』ミネルヴァ書房.

伊藤純, 2015, 「生活時間と無償労働」男女共同参画統計研究会編『男女共同参画統計データブック2015——日本の女性と男性』ぎょうせい, 75-88.

伊藤純, 2021, 「福祉社会における生活の社会化と生活経済」伊藤純・斎藤悦子編著『ジェンダーで学ぶ生活経済論——持続可能な生活のためのワーク・ライフキャリア（第3版）』ミネルヴァ書房, 173-187.

伊藤るり, 2020, 「グローバル・イシューとしての家事労働——ILO189号条約が意味するもの」伊藤るり編著『家事労働の国際社会学——ディーセント・ワークを求めて』人文書院, 1-23.

伊藤セツ, 1974, 「婦人労働者の家事・育児に関する要求の性格について」『賃金と社会保障』647: 36-47.

伊藤セツ, 1981, 「家事労働の政治経済学」大森和子・好本照子・阿部和子・伊藤セツ・天野寛子著『家事労働』光生館, 211-233.

岩間暁子, 1997, 「性別役割分業と女性の家事分担公平感——公平価値論・勢力論・衡平理論の実証的検討」『家族社会学研究』1997(9): 67-76.

K

上子武次, 1972, 「家族の内部過程　役割関係」福武直監修・森岡清美編『社会学講座　第3巻　家族社会学』東京大学出版会, 63-83.

国立社会保障・人口問題研究所, 2011, 『現代日本の家族変動　第4回全国家庭動向調査』厚生労働統計協会.

国立社会保障・人口問題研究所, 2017, 『人口統計資料集（2017改訂版）』.（https://www.ipss.go.jp/syoushika/tohkei/Popular/Popular2017RE.asp?chap=0, 2023年2月24日取得).

国立社会保障・人口問題研究所, 2021 『2021　人口の動向　日本と世界——人口統計資料集』厚生労働統計協会.

国立社会保障・人口問題研究所, 2022, 「第16回出生動向基本調査」（https://www.ipss.go.jp/ps-doukou/j/doukou16/JNFS16gaiyo.pdf, 2022年10月25日取得).

国立社会保障・人口問題研究所, 2023, 『人口統計資料集（2023)改訂版』（https://www.ipss.go.jp/syoushika/tohkei/Popular/Popular2023RE.asp?chap=0, 2023年5月29日取得).

コレクティブハウスかんかん森　居住者組合森の風編, 2014, 『これが, コレクティブハウスだ！——コレクティブハウスかんかん森の12年』ドメス出版.

厚生労働省, 2022, 「保育所等関連状況取りまとめ（令和4年4月1日）」（https://www.

mhlw.go.jp/content/11922000/000979606.pdf，2023年3月6日取得).

厚生労働省，2023a，「令和４年賃金構造基本統計調査の概況」（2023年3月17日公表）（https://www.mhlw.go.jp/toukei/itiran/roudou/chingin/kouzou/z2022/dl/13.pdf，2023年4月23日取得).

厚生労働省，2023b，「家事使用人に係る実態調査について」（https://www.mhlw.go.jp/content/11201250/001128024.pdf，2023年8月3日取得).

厚生省人口問題研究所監修・人口問題研究会編，1990，『1989　人口の動向　日本と世界——人口統計資料集』厚生統計協会.

久保桂子，1982，「兼業農家女性の就労形態の変容——長野県諏訪地方の場合」，『お茶の水女子大学女性文化資料館報』3: 61-80.

久保桂子，2010，「病児・病後児保育の社会化の進展と生活資源の開発」（社）日本家政学会生活経営学部会編『暮らしをつくりかえる生活経営力』朝倉書店，75-83.

久保桂子，2014，「共働き夫婦の夫の家庭生活への関与を妨げる仕事の状況」『千葉大学教育学部研究紀要』62: 271-276.

久保桂子，2015，『子育てと仕事の両立に関する調査報告書（2013年調査報告）』.

久保桂子，2016，「共働き夫婦における夫の家事・育児参加に対する妻の評価」『日本家政学会誌』67(8): 447-454.

久保桂子，2017，「共働き夫婦の家事・育児分担の実態」『日本労働研究雑誌』689: 17-27.

桑田百代，伊藤セツ，大竹美登利，1977，「共働き家庭と非共働き家庭の夫妻の生活時間構造の推移（第1報）——1975年調査と過去4回の調査の比較」『家政学雑誌』28(6): 422-428.

L

Lennon, Mary Clare and Sarah Rosenfield, 1994, "Relative Fairness and the Division of Housework: The Importance of Options," *American Journal of Sociology*, 100(2): 506-531.

M

丸岡秀子，1937＝1980，『日本農村婦人問題——主婦，母性篇』ドメス出版.

ますのきよし，1989，「ダブルインカム・ウイズ・キッドのやり方」，育時連（男も女も育児時間を！連絡会）編『男と女で「半分こ」イズム——主夫でもなく，主婦でもなく』学陽書房，8-18.

松田茂樹，2006a，「近年における父親の家事・育児参加の水準と規定要因の変化」，『季刊家計経済研究』71: 45-54.

松田茂樹，2006b，「育児期の夫と妻のワーク・ファミリー・コンフリクト——合理性

見解対ジェンダー役割見解」，『家族社会学研究』18（ 1 ）：7-16.

松田茂樹，2007，「夫婦の働き方戦略——戦略の自由度，性別役割分業戦略，共働戦略」，永井暁子・松田茂樹編著『対等な夫婦は幸せか』勁草書房，119-136.

松村祥子，1986，「家政学と社会福祉」林雅子・石毛フミ子・松島千代野編著『新家政学』有斐閣，87-106.

松村祥子，2000，『現代生活論——新しい生活スタイルと生活支援』放送大学教育振興会.

マグレディ，マイク／伊丹十三訳，1975＝1983，『主夫と生活』学陽書房.（原書）McGrady, Mike, 1975, *The Kitchen Sink Papers: My Life as a Househusband*, New York: The Sterling Lord Agency.

Milkie, Melissa A., Suzanne M. Bianchi., Marybeth J. Mattingly, and John P. Robinson, 2002, "Gendered Division of Childrearing: Ideals, Realities, and the Relationship to Parental Well-Being," *Sex Roles*, 47: 21-38.

宮島洋，1992，『高齢化時代の社会経済学』岩波書店.

**N**

永山育子・大藪和子，1982，「男たちの生いたちと思想」福岡・女性と職業研究会編『家事・育児を分担する男たち』現代書館，50-74.

内閣府男女共同参画局，2020a，『男女共同参画白書　令和2年版』（https://www.gender.go.jp/about_danjo/whitepaper/r04/zentai/html/honpen/b1_s00_01.html，2023年3月8日取得）.

内閣府男女共同参画局，2020b，『令和元年度　家事等と仕事のバランスに関する調査報告書』（https://www.gender.go.jp/research/kenkyu/balance_research_202003.html，2023年3月30日取得）.

内閣府男女共同参画局，2022，『男女共同参画白書　令和4年版』（https://www.gender.go.jp/about_danjo/whitepaper/r04/zentai/html/honpen/b1_s00_01.html，2023年3月8日取得）.

内閣府経済社会総合研究所，2004，「消費動向調査」（https://www.esri.cao.go.jp/jp/stat/shouhi/shouhi.html，2023年4月29日取得）.

内閣府経済社会総合研究所，2022，「消費動向調査」（https://www.e-stat.go.jp/，2023年4月29日取得）.

中川まり，2021，『ジェンダー化された家庭内役割の平等化と母親ゲートキーピング』風間書房.

直井道子，1989，「序論」直井道子編『家事の社会学』サイエンス社，1-30.

ニッケル，ポーリナ・ドーゼイ，ジーンM.／氏家寿子・宮原佑弘訳，1967＝1969，『四訂 家庭生活の管理』家政教育社.（原書）Nickell, Paulena and Jean M., Dorsey,

1967, *Management in Family Living*, New York: John Wiley & Sons.

日本家族社会学会・全国家族調査（NFRJ）委員会，2005，『第2回 家族についての全国調査（NFRJ03）第一次報告書』.

日本経済新聞，2021，「マネーのまなび　家事代行で時間を買う」2021年11月6日朝刊.

西原波江，1923＝1980，「月60円を貯金する小学校教師の共稼ぎ」『婦人倶楽部』4（8），講談社（丸岡秀子編集・解説，1980『日本婦人問題資料集成　第7巻　生活』ドメス出版所収: 216-218）.

Noonan, Mary C., 2001, "The Impact of Domestic Work on Men's and Women's Wages," *Journal of Marriage and Family*, 63(4): 1134-1145.

農林水産省，2021，『令和2年度 食料・農業・農村白書』（https://www.maff.go.jp/j/wpaper/w_maff/r2/r2_h/trend/part1/chap2/c2_2_00.html，2023年2月24日取得）.

農商務省農務局，1921，『副業参考資料，第6（余剰労力調査事例)』国産時報社.

O

OECD, 2023, "Time Use," OECD. Stat, Social Protection and Well-being（https://stats.oecd.org/index.aspx，2023年1月30日取得）.

小笠原祐子，2009，「性別役割分業意識の多元性と父親による仕事と育児の調整」『季刊家計経済研究』81: 34-42.

大森和子，1966，「家事労働」横山光子編『家政学原論・家庭経営』朝倉書店，145-188.

大森和子，1981，「家事労働に関する調査研究」大森和子・好本照子・阿部和子・伊藤セツ・天野寛子著『家事労働』光生館，234-274.

大沢真理，2002，『男女共同参画社会をつくる』日本放送出版協会.

P

Pahl, Raymond Edward,1984, *Divisions of Labour*, Oxford: Blackwell Publishers.

Parker, Frances J., 1966, "Task Distribution Within the Family," *Journal of Home Economics*, 58(5): 373-375.

R

労働省，1988，「19880314 基発第150号 労働基準法関係解釈例規について」(http://www.joshrc.org/files/19880314-001.pdf，2023年1月14日取得).

ラウントリー，ベンジャミン　シーボーム／長沼弘毅訳，1901＝1975，『貧乏研究』千城（1922年版の翻訳，翻訳初版1959年版、1975年改訂版）.（原書）Rowntree, Benjamin Seebohm,1901, *Poverty: A Study of Town Life*, Macmillan Pubulishers.

S

定松文，2020，「日本における家事労働の市場化と分断された家事労働者——家事労

働者史からみる国家戦略特区の外国人家事労働者」伊藤るり編著『家事労働の国際社会学──ディーセント・ワークを求めて』人文書院, 26-58.

Sanchez, Laura and Emily W. Kane, 1996, "Women's and Men's Constructions of Perceptions of Housework Fairness," Journal of Family Issues, 17(3): 358-387.

Schieman, Scott, Melissa A. Milkie, and Paul Glavin, 2009, "When Work Interferes with Life: Work-Nonwork Interference and the Influence of Work-Related Demands and Resources," *American Sociological Review*, 74: 966-988.

清家篤, 1992,「消費・貯蓄, 家計内生産」島田晴雄・清家篤著『仕事と暮らしの経済学』岩波書店, 135-147.

庄司洋子, 1982,「現代における夫婦の問題」布施晶子・玉水俊哲編著『現代の家族』青木書店, 138-171.

庄司洋子, 1988,「家事労働」見田宗介・栗原彬・田中義久編『社会学事典』弘文堂, 136.

総務省（1997）「日本標準職業分類（平成9年12月改定）日本標準職業分類の変遷と第4回改定の概要」（https://www.soumu.go.jp/toukei_toukatsu/index/seido/shokgyou/2gaiyou.htm, 2023年1月7日取得）.

総務省（2009）「日本標準職業分類（平成21年12月統計基準設定）」（https://www.soumu.go.jp/toukei_toukatsu/index/seido/shokgyou/21index.htmsoumu.go.jp, 2023年1月7日取得）.

総務省政策統括官（2020）「日本標準食品分類（平成2年6月改定）」（https://www.soumu.go.jp/toukei_toukatsu/index/seido/syouhin/2index.html, 2022年12月28日取得）.

総務省統計局「国勢調査」（各年）（https://www.e-stat.go.jp/）.

総務省統計局「労働力調査」（各年）（https://www.e-stat.go.jp/）.

総務省統計局, 2007,「平成18年社会生活基本調査 調査票Aに基づく結果 生活時間に関する結果 生活時間編（全国）」（https://www.e-stat.go.jp/）.

総務省統計局, 2015,「小売物価統計調査（動向編）」（2014年調査）（https://www.e-stat.go.jp/）.

総務省統計局, 2017a,「平成28年社会生活基本調査 生活時間及び生活行動に関する結果 結果の概要」（https://www.e-stat.go.jp/）.

総務省統計局, 2017b,「平成28年社会生活基本調査」（調査票Aに基づく結果 時系列統計表）（https://www.e-stat.go.jp/）.

総務省統計局, 2021a,「2019年全国家計構造調査」（https://www.e-stat.go.jp/）.

総務省統計局, 2021b,「労働力調査 長期時系列データ」（https://www.e-stat.go.jp/）.

総務省統計局, 2022a,「令和3年社会生活基本調査」（https://www.e-stat.go.jp/）.

総務省統計局，2022b，「家計調査　家計収支編　年次2021年」(https://www.e-stat.go.jp/).

総務省統計局，2022c，「小売物価統計調査（動向編）」(2021年調査)(https://www.e-stat.go.jp/).

総理府統計局（1966）『労働力調査報告』

T

高橋正立，1988，『生活世界の再生産——経済本質論序説』ミネルヴァ書房.

谷本雅之，2012＝2016，「日常生活における家事労働の役割——もう一つの消費史として」，フランクス，ペネロピ・ハンター，ジャネット編／中村尚史，谷本雅之監訳『歴史のなかの消費者——日本における消費と暮らし　1850-2000』法政大学出版局，29-55.（原書）Franks, Penelope and Janet Hunter (ed.), 2012, *The Historical Consumer: Consumption and Everyday Life in Japan 1850-2000*, London: Palgrave Macmillan.

Tayah, Marie-José, 2016, *Decent Work for Migrant Domestic Workers: Moving the Agenda Forward*, Geneva: International Labour Office, (https://www.ilo.org/global/topics/labour-migration/publications/WCMS_535596/lang--ja/index.htm, 2022年9月5日取得).

帝国農会，1935，『東北地方農村に関する調査　凶作篇』帝国農会.

東京ガス都市生活研究所，2013，「都市生活レポート　ファミリー世帯の洗濯と乾燥2013」(toshiken.com，2023年5月27日取得).

東京新聞（2022）「家事代行女性の労災認めず　女性急死　労働時間に算入せず　東京地裁が請求棄却」2022年9月29日Tokyo Web，(https://www.tokyo-np.co.jp/article/205410，2022年10月7日取得).

トヨタ未来創生センター，2023，「ロボットと一緒に家事をする生活を目指した，『人にやさしいロボットアーム』の研究」，(https://global.toyota/jp/mobility/flontier-research/38445721.html, 2023年6月26日取得).

Train, Kelly A., 2016, "Household Labor," In Constance L. Shehan (ed.) *The Wiley Blackwell Encyclopedia of Family Studies*. Vol.Ⅱ, D-H. Hoboken: John Wiley and Sons Ltd, 1080-1085.

筒井淳也，2011，「日本の家事分担における性別分離の分析」田中重人・永井暁子編『第3回家族についての全国調査（NFRJ08）第2次報告書（1『家族と仕事』)』日本家族社会学会全国家族調査委員会，55-73.

筒井淳也，2014，「女性の労働参加と性別分業——持続する『稼ぎ手』モデル」『日本労働研究雑誌』648（July）: 70-83.

筒井淳也，2016，『結婚と家族のこれから——共働き社会の限界』光文社.

津谷典子，2004，「男性の家庭役割とジェンダー・システム——日米比較の視点か

ら」阿藤誠・早瀬保子編『ジェンダーと人口問題』原書房，167-210.

U

上野千鶴子，1990，『家父長制と資本制——マルクス主義フェミニズムの地平』岩波書店.

上野千鶴子，1985，『資本制と家事労働——マルクス主義フェミニズムの問題構制』海鳴社.

United Nations,1995, *The United Nations and the Advancement of Nations 1945-1995*, New York: United Nations Publication.

W

Wellman, Beverly and Barry Wellman, 1992, "Domestic Affairs and Network Relations," *Journal of Social and Personal Relationships*, 9: 385-409.

Wunderink, Sophia and Marinka Niehoff, 1997, "Division of Household Labour: Fact and Judgements," *De Economist*, 145(3): 399-419.

Y

山田昌弘，1994，『近代家族のゆくえ——家族と愛情のパラドックス』新曜社.

山下泰子，1992，「女子差別撤廃条約の制定過程」国際女性の地位協会編『女子差別撤廃条約注解』尚学社，8-14.

湯沢雍彦編，1981，『高年齢を生きる14　兼業農家のお年寄りたち』地域社会研究所.

# 人名索引

（アルファベット順）

# 事項索引

## 著者略歴

1955年　長野県松本市生まれ
日本女子大学家政学部卒業
お茶の水女子大学大学院家政学研究科修士課程修了
現在　和洋女子大学家政学部特任教授
戸板女子短期大学教授、千葉大学教育学部教授を経て現職
専門は生活経営学、家族関係学、家族社会学

主な著書　『ホーム・エコノミックス──新家政学概論』（共著　ドメス出版）、『変
　化する社会と家族』（共著　建帛社）、『暮らしをつくりかえる生活経営力』（共著
　朝倉書店）、『男女共同参画統計データブック2015──日本の女性と男性』（共著
　ぎょうせい）、『現代家族を読み解く12章』（共著　丸善出版）、『持続可能な社会を
　つくる生活経営学』（共著　朝倉書店）他

共働きと男性の家事労働

2023年12月28日　第1刷発行
定価：本体2400円＋税

著　者　久保　桂子
発行者　佐久間光恵
発行所　株式会社 ドメス出版
　　　　東京都文京区白山3-2-4 〒112-0001
　　　　振替　0180-2-48766
　　　　電話　03-3811-5615
　　　　FAX　03-3811-5635
　　　　http://www.domesu.co.jp

印刷・製本　株式会社 太平印刷社
ISBN 978-4-8107-0866-0 C0036